북한의 실질 넘버 2
김여정의 실상
수호령 인터뷰

2018 년 6 월 13 일 수록
(도쿄도·행복의 과학 종합본부에서)

오오카와 류우호오

행복의 과학 출판

All rights reserved
HS Press is an imprint of IRH Press Co., Ltd.
Tokyo
Library of Congress Cataloging-in-Publication
Data ISBN 13: 978-1-943869-44-2
ISBN 10: 1-943869-44-8
Cover photo: © AP/ Aflo

목차

3. 완전비핵화와 제재 해제, 흥정의 내실

- 첫머리부터 '일본문화에 대한 동경'을 말하는 김여정 씨
  수호령
- '재치가 있고 머리가 빨리 돌아간다'라는 인상을 주는
  김여정 씨
- 기탄없는 트럼프 대통령에게는 2 중, 3 중으로 꾸밀
  필요가 없다
- 원래부터 CVID 는 주권국가에는 받아들여지지 않는 것
- 지난 몇 개월 만에 북한의 사고방식은 극적으로 바뀌었다
- 트럼프 대통령은 '칭찬해 두고 세게 죈다'라는 수를 쓴다
- 제재를 해제하는 시나리오를 이렇게 읽고 있다
- '체제보증'의 진정한 의미와 내용
- 비핵화 계획은 폼페오 씨나 볼튼 씨와 채워 간다

4. 충격의 '무혈개성' 구상

- 북한은 '전쟁으로서는 패했다'
- 하지만 경제면에서 주변국과 이어진다면 패배가 아니다
- 오빠 김정은 씨에게는 '여기서 손을 잡는 게 좋겠다'라고
  권하고 있다
- 북한의 체제전환 모델을 어느 나라에서 찾아내고 있는가

• 이 영언은 정말로 신뢰할 수 있는가

• 소견 1 : 거짓말은 아니겠지만, 북한 국내에서 허용되는가
• 소견 2 : 트럼프 대통령 2 기 8 년의 가능성이 상당히
  나타났다
• 앞으로는 중국 정치면의 자유화와 이슬람권을 어떻게
  할 것인가

'영언 현상' 이란 저 세상의 영 존재의 생각을 말로써 내리는 현상을 말한다. 이것은 고도의 깨달음을 얻은 자 특유의 것이며 '영매 현상' (트랜스 상태가 되어 의식을 잃고, 영이 일방적으로 말하는 현상) 과는 다르다. 외국인 영의 영언일 경우는, 영언 현상을 하는 사람의 언어중추에서부터 필요한 말을 골라내어 일어로 말하는 것도 가능하다.

또, 인간의 혼은 원칙적으로 6 명의 그룹으로 구성되었으며, 저 세상에 남아있는 '혼의 형제' 중 한 명이 수호령을 맡고 있다. 즉, 수호 령은, 실은 자기자신 혼의 일부다. 따라서 '수호령의 영언' 이란 이른바 본인의 잠재의식에 액세스한 것이며, 그 내용은 그 사람이 잠재의식에서 생각하는 것 (본심) 으로 생각해도 좋다.

한편, '영언' 은 어디까지나 영인의 의견이며, 행복의 과학 그룹으로서의 견해와 모순되는 내용을 포함할 수 있는 점, 덧붙여 적어 두고 싶다.

머리말

 본서의 머리말을 쓰는 3일 전 6월 12일, 세계에는 확실히 격진(激震)이 전해졌다. 트럼프 대통령과 김정은 위원장이 싱가포르의 호텔에서 마치 친구인 것처럼 행동하는 것을 보고, 작년까지 계속됐던 원폭•수폭 개발과, ICBM으로 서로 공격할지도 모른다고 하는, 공포의 시나리오는 도대체 어떻게 된 것이냐고, 세계의 매스컴이 회의적인 상태가 된 것은 당연할 것이다.

 또, 평화적 번영을 구가하면서, 미국 측에서는 북한에 대해 체제보증을 해주고 북한이 비핵화를 확약한다는 결론에는, '트럼프 외교는 패했는가?'라고 느낀 사람도 많을 것이다.

 본서에서는, 북미 회담의 무대 뒤를, 북한의 실질 넘버2라고 생각되는 정은 씨의 친여동생, 김여정 씨가 수호령 인터뷰에서 솔직하게 말한 내용을 담았다. 앞으로 세계의 방향성을 확실하게 보고 알 수 있을 것이다.

2018년 6월 15일

행복의 과학 그룹 창시자 겸 총재 오오카와 류우호오

김여정 (1987? ~)
북한의 정치가. 조선 노동당 중앙위원회 정치국 후보위원, 동
당중앙위원회 제1부부장을 맡음. 제2대 최고지도자 김정일
을 아버지로 갖고, 제3대 최고지도자 김정은을 오빠로 가짐.

질문자

아야오리 지로(綾織次郎)
행복의 과학 상무이사 겸 종합지 편집국장 겸 '더 리버티'
편집장 겸 HSU강사

사토무라 에이치(里村英一)
행복의 과학 전무이사 [홍보·마케팅 기획 담당] 겸 HSU강사

오이카와 유키히사(及川幸久)
행복실현당 외무국장

※[질문 순. 지위는 수록 시점의 것]

1. 매스컴이 보도하지 못하는 북미 정상회담의 심층

미일 매스컴의 보도 상황

오오카와 류우호오   어제 (2018 년 6 월 12 일) 는 싱가포르에서 미국의 트럼프 대통령과 북한의 지도자인 김정은 씨와의 회담이 있었습니다.

 다양한 보도가 있었으므로 , 그중 몇 가지 보도에 접한 분도 많겠지요.

 일본의 매스컴에서 다루는 모습을 보면 , 텔레비전도 신문도 역시 '오른쪽 (우파)' 에서부터 '왼쪽 (좌파)' 까지 어느 쪽인가 하면 회의적인 느낌의 보도로 보였습니다.

 '왼쪽' 은 어쩌면 덮어 놓고 기뻐할 것으로 생각하고 있었습니다만 , 그렇지 않고 '왼쪽' 도 회의적이어서 '이것으로 정말 뭔가 진행합니까' 라는 느낌은 '오른쪽' 과 같았습니다.

 그리고 미국의 신문을 3 종류 정도 봤더니 2 개는 적어도 머리기사라고 할까 표제 부분에 트럼프 대통령이 회담 후에 해설식으로 이야기하던 부분을 거론하며 '북한의 무장 삭감이 신속하게 진행한다' 라고 내고 있었으므로 , 표면상은 다소 한 발 내디딘 것처럼 전한 것 같습니다.

 다른 1 개 쪽은 그렇지는 않았습니다만 , 모두 내용으로서는 다소 조롱하는 부분은 있어서 뭐라고 할 수 없는 면은 있었습니다.

아마도 미국 국민 쪽에서 볼 때, 어제 회담에서는 '적어도 북한에서 미국령을 향해 핵무기를 장착한 대륙간 탄도탄은 날아오지 않는 것이 결정되었다' 라는 식으로는 보일 것이므로 '미국인이 공격을 받을 일은 없다' 라는 것이 되었다고 생각합니다.

그와 동시에 '북미 전쟁이 곧 시작되어 미국 군인인 젊은이들이 죽는 일도 없다' 라는 것을 알게 된 것으로 생각합니다.

게다가, 트럼프 대통령은 '(북한 비핵화를 위한)비용은 한국이나 일본이 내면 된다. 미국은 내지 않겠다' 라고 말했으므로, 미국은 돈은 1달러도 내지 않고 끝나, 아무것도 손해가 없다는 것이 됩니다. 미국 도메스틱(domestic), 즉 미국 국내 식으로 생각하면 '미국은 북한으로부터 공격당하지 않게 되었고, 미국의 인명이 손상되는 일도 없고, 돈을 1달러도 쓰지 않는다' 라는 것으로, '미국 제일' 식으로 생각하면 '미국에는 좋은 일이다' 라고 파악할 수 있을 것으로 생각합니다.

한편, 일본 쪽을 보면 납치 피해자 운운에 대해서 대단히 강하게 말하던 면도 있었습니다. 뭐, 일본 도메스틱으로서는 이해가 됩니다만, 국제정세로서 '북한과 미국의 수뇌 회담' 이라는 것이라면, 조금 방해를 한 면은 있었던 것이 아니냐고 생각합니다.

남겨진 가족이 '천재일우(千載一遇)의 기회' 라고 생각하는 것은 당연합니다만, 역시 미안하지만, 회담 테마의 으뜸에 오는 것은 '핵무기의 제거'가 되어야겠지요. 세계적으로는 그렇게 될 것입니다.

일본인이 납치된 것은 40년 전부터 있었던 사건이므로, 이 문제가 최우선이 된다는 것은 이상한 이야기이며, 특히 작년(2017년)의 북한 탄도 미사일 발사와 핵 실험을 보면 이쪽이 최대의 위협일 터이며, 최대의 테마가 아니면 안 되겠지요.

그런데도 '살아 있는 가족을 되찾는 최후의 기회'라는 식으로 너무 말하게 되면, 이것은 어느 의미로 미국에 대해 '전쟁하지 말아 달라'라고 말하는 것으로 파악될 수도 있습니다. 미국에서 본다면 미국의 민주당 인권파가 말하는 것 같은 말을 아베 총리를 중심으로 말하고 있다는 식으로 보이는 면도 있으므로, 결코 우익으로는 보이지 않고 좌익으로 보인 면도 있었다고 생각합니다.

결국은 북일 교섭도 해야 하게 된 셈이므로, 또 경제원조나 그런 것과 바꾸지 않으면 안 될지도 모르겠습니다. (이번 회담으로 납치 문제 해결을 기대하는 것은) 조금 무리는 있었다고는 생각하고 있습니다.

그리고 '회담에서 핵무기에 관해서는 이야기를 할 수 있었지만, 그 전 단계의 탄도 미사일 부분까지는 갈 수 없었다'라는 것입니다만, 이것은 아마 전날에는 이미 알고 있었던 것으로 생각합니다. 그 때문에 회담 시간도 짧게 설정한 것이 아니겠습니까?

정상회담 중 트럼프 대통령의 지도령이란 ?

오오카와 류우호오 그래서 트럼프 대통령으로서는 어떻게 생각했는가 하는 것입니다만, 내가 어제 회담 때 지도령을 죽 보고 있었더니, 정치가가 아니라 종교가가 지도하고 있었습니다. 노먼 빈센트 필 박사가 트럼프 대통령의 지도령을 죽 맡고 있었으므로 '트럼프 대통령은 종교가 식으로 어프로치한 것이다' 라고 나 쪽에서는 보고 있습니다. 그것은 그가 했던 말의 여기저기서 느껴졌습니다.

트럼프 대통령은 자기 결혼식을 필 박사의 교회에서 올렸습니다. 실업가로서 하고 있었을 때는, 성공했을 때도 실패했을 때도, 아마 필 박사의 사상에 의지하여 신과 이어지려고 했었던 것으로 생각합니다.

따라서 어제 회담은 실무적인 것이 아니라 종교가와 같은 의식이 상당히 '중첩한' 것이 아니었냐고 추정됩니다.

이번 북미 정상회담을 성공이라고 볼지 실패라고 볼지는 가지각색이어서, 앞으로의 전개 나름일 것으로 생각합니다. '구두 약속만 하고 아무것도 하지 않는다' 라는 종래의 방식이면 아무것도 진행하지 않았다고 할 수 있습니다만, 만일 '인물 대 인물' 로 서로 인정하여 '할 수 있겠다' 라고 보았다면, 지금까지와는 다른 전개가 나타날 가능성이 전혀 없는 것도 아닙니다.

그 의미로 트럼프 대통령이 카드를 꺼내는 방법으로서, 김정은 씨 측이 가장 원하는 '체제의 유지' 카드를 최초에 내고 나서 '한반도의 비핵화' 라는 이야기로 가져가서, 그 후에 '경제적인 평화와 번영' 이야기로 가져간 것을 보면, 트럼프 대통령은 종교적인 의식도 있었지만, 또 하나는 아마도 (김정은 씨에 대해) '아버지와 아들' 과 같은 것을 느낀 것이 아니냐고 추정합니다.

'자기가 김정은 씨의 연대였을 때, 실업가로서 얼마만큼 힘들었는가' 를 일단 생각한 것이 아니냐고 느껴집니다. 그와 같은 패터널리즘 (paternalism) (아버지 식의 온정주의) 과 같은 것으로 그를 자기 쪽 씨름판으로 끌어들이고, 인간관계를 구축함으로써 약속을 이행하는 방향으로 가게 하려고 생각했는지도 모르겠습니다.

 더 이상은 교섭이 진행하지 않는 곳까지 와있었으므로, 아마 그런 식으로 가져가려고 했던 것이겠지요.

'독재자와 한편이 되는 쪽이 이야기는 빠르다' – 트럼프 대통령의 사고방식 내용

오오카와 류우호오 그것과, 김정은 씨는 독재자 식의 체질이지만, 트럼프 대통령으로서는 '누가 정하는지 알 수 없는 나라보다는 독재자가 정해 주는 쪽이 결론은 빠르므로, 이 남자가 실권을 쥔 동안에, 하려고 하면 할 수 있다' 라고 판단했다고 한다면, 손을 꽉 잡은 것은 하나의 전략적 사고방식이었던 것으로 생각합니다.

따라서 미국 측에서 보면, 만일 정말 비핵화가 원활하게 진행할 것 같으면, 손자병법 식으로 말하면 '싸우지 않고 이긴다' 라는 것을 전략적으로 할 수 있을 가능성이 반 정도는 있습니다.

요컨대 실제로 핵전쟁을 해서 이겨 봐야 상당한 피해가 나오므로, 포화를 쏘는 일 없이 상대의 독재자 손에 의해 핵무기를 제거할 수 있다면 그것이 가장 똑똑한 승리 방법이겠지요. 다만, 지금까지의 대통령이라면 그것은 못 했던 셈이므로, 그 부분에 차이가 있는가 아닌가가 이제부터 명확해질 것으로 생각합니다.

그것과 또 하나, 테마는 '핵무기의 제거' 이므로 이것은 분명히 '북한의 패배' 입니다만, 그것을 패전으로 보이지 않도록 하고, 대국끼리 대등한 회담을 하는 것처럼 쇼맨(showman)으로서 '정치 쇼' 를 보여준 셈입니다.

이것은 북한 국내에서 보도를 시키는 방법으로 '대등하게 하는 것처럼 보여주면서, 실질상은 핵무기를 철거시켜 간다' 라는 형태입니다만, 작년까지의 전략을 전환했다는 것을 보도시키기 위해, 그런 식으로 호스트처럼 행동하면서 했다는 것을 의미합니다. 전략적으로 플러스 쪽으로 본다면 그와 같은 견해일 것입니다.

하지만 마이너스 쪽으로 보면 '아무런 성과는 없지만, 여하튼 호언장담하여 역사적인 회담 식으로 해 보였다' 라는 것이 될 것입니다.

트럼프 대통령의 공격 방법은 '도쿠가와 이에야스의 오사카성 (城) 공격' 과 같다

오오카와 류우호오 김정은 씨 쪽은 상당히 긴장했던 것 같습니다. 나 쪽에서 보면, 객관적으로는 김정은 씨가 중국으로 날아가서 남북회담으로 한국과도 직접 대담을 하고, 그리고 미국과도 '직접 만나고 싶다' 라고 말한 곳을 보면, 경제적으로는 상당히 핍박한 상황이라는 것은 확실하다고 생각됩니다.

국민의 40% 정도가 영양실조라고도 말해지므로 '전쟁할 것까지도 없고, 이것은 패한다' 라는 것을 알았다고 하면, 바보는 아니라고 생각합니다.

김정은 씨는 트럼프 대통령의 성격에서 보아 '쫓기는 새가 품 안에 들어오면 포수도 죽이지 않는다' 로, '곤란한 새' 가 품 안에 들어오면 그것을 때려눕히거나 하지 않는다고 생각했던 것으로 봅니다. 그 부분은, 김정은 씨에게는 승부사와 같은 면이 있어서, 실제로 부동산 왕으로 살아온 트럼프 대통령이 보면 '꽤 좋은 승부사구나' 라는 식으로 보였는지도 모르겠습니다.

그런 의미에서 트럼프 대통령으로서는 북한을 대국처럼 보여주고 체면을 세워주면서도, 실질적으로는 핵무기를 제거하게 만들어서 '주변 문제부터 먼저 해치워 간다' 라는 작업을 하려고 한 것이겠지요.

만일 핵무기 부분을 정말로 제거할 수 있으면, 그다음은 보통 미사일 등이 여러 가지로 있습니다만, 이것만으로는 대량 파괴와 살상을 할 수 없습니다. 통상 무기만이라면, 1발 쏘아도 피해는 몇백 명이 한도여서, 몇십만, 몇백만, 혹은 그 이상의 사람이 갑자기 죽는 일은 우선 없으므로 '바깥 해자 (垓子, 주변 문제)'를 먼저 해치우고 '이에야스(家康)의 오사카성 공격'과 같은 방법으로 할 생각이라는 식으로도 보였습니다.

그리고 '핵무기의 제거는 과학적으로는 15년은 걸린다'라고 말하고 있었습니다만, 시간이 걸리는 것은 실제로 그 말대로이므로, 트럼프 대통령으로서는 능숙하게 대통령 임기 제2기로 이어가려고 한 것이 아니냐고도 파악할 수 있습니다. 대통령으로서 어느 정도 실적을 남기면서 '아직 일이 끝나지 않았으므로'라는 식으로 제2기로 이어가려고 하는 데까지 계산이 작용했을 가능성은 있습니다.

'국제무대로 끌어내어 개국을 촉구한다' 라는 도식

오오카와 류우호오 김정은 씨 자신은 긴장도 했었고, 대국인 미국 대통령과 만나는 것에 대해 상당히 무서운 생각도 했을 것이라고는 봅니다만, 한편, 트럼프 씨는 북한을 국제무대로 끌어내는 데에는 성공했습니다.

이것은 북한에 '개국을 촉구하고 있다'라는 것이기도 합니다. 예전에 쇄국하던 일본을 개국시킨 것처럼, 외국으로 끌어내어 매스컴에 취재를 시키거나, 여러 가지 것을 보여주거나 함으로써 개국을 촉구하는 것처럼도 보였습니다. '북한을 어떤 식으로 원활하게 개국시킬 것인가'라는 것을 생각하는 것처럼 보였습니다.

그와 같은 도식이 보이는 것입니다만, 아마 북한 측에서 보도한다면 '대본영 발표' 형태로 보도하는 것은 가능할 것입니다. '역시 핵 대국이 되었으므로 미국과 당당하게 대등한 대담을 하고, 실적으로서는 북한의 체제 유지라는 카드를 손에 넣고, 그리고 한반도의 평화에 이바지하게 되었다'라는 식의 보도는 가능해지므로, 거기까지 생각한 뒤의 일이 아니겠느냐고도 생각합니다.

만일 간단히 결렬했었다면 제로로 되돌아갈 뿐이며 '전쟁할 것인가 아닌가'라는 단계로 되돌아갈 뿐이므로, 한 발은 진전하고 싶었던 것으로 생각합니다.

다만, 실무적으로 아무것도 채우지 못했던 부분은 많은 매스컴이 말하는 대로였다고는 생각합니다.

2. 수수께끼에 싸인 김여정 씨의 실상이란

김여정 씨 연구에서 중요한 1차 자료를

오오카와 류우호오 이번 북미 교섭의 처음 쪽에는 나오지 않았습니다만, 낮 무렵부터 김여정 씨라는, 김정은 씨의 친여동생이 나왔습니다.

김여정 씨는 요전의 한반도 남북회담 (2018년 4월 27일에 판문점에서 열린 남북정상회담) 때, 상당히 존재가 명확해졌고, 그 전 2월 평창 올림픽 때는 김정은 씨의 대리로 가서 문재인 대통령에 친서를 건네주거나, 한국 대통령 옆에 앉아서 경기를 보거나 하고 있었습니다. 실질상 서열이 상당히 높은 것을 보여준 분입니다만, 북한의 '사실상 넘버 2'가 아니냐고 추정되고 있습니다.

그녀는, 회의할 때는 비서실장 식의 움직임을 하고는 있습니다.

오빠인 김정은 씨와 김정철 씨, 그리고 이 김여정 씨의 3명은 외교관의 자녀라는 명목으로 중학교 정도 때 스위스에 유학했습니다. 이때는 셋이서 하나의 집에 살았던 것 같으므로 사이는 좋았던 것 같습니다. 그런 의미에서는 신뢰할 수 있는 여동생인 것이 아니냐고 생각합니다.

내가 그녀의 영상을 보는 한에는 머리는 상당히 좋은 분이라고 추정하고 있습니다. 상당히 빠른 움직임을 하므로 '유학시켜 보면, 여동생 쪽이 잘 할 수 있었다' 라는 패턴이 아니냐고 생각됩니다.

오늘 아침, (이 사람의 수호령과) 조금만 이야기를 했습니다만, 아마도 이 사람이 실질상 참모총장과 같은 느낌이겠지요.

김정은 씨가 승인을 추구하는 것은 부인이 아니라 이 사람이며, 이 사람이 'OK' 라고 하면 OK 이고, '안 된다' 라고 하면 안 된다는 판단이 되는 모양입니다.

일로서는 비서와 같은 일도 하고 있습니다만 '아무래도 선전 및 국민을 세뇌하는 일에서 으뜸 자리에 있는 모양이다' 라는 것도 알고는 있습니다.

그런 것이므로 만일 김정은 씨에게 병이나 사고, 암살, 전쟁 등에 의한 사망 등이 있을 때는 이 사람이 실질상, 북한의 우두머리가 될 가능성은 극히 크다고 추정됩니다.

오늘 아침 이야기에서는 '이번 북미 회담의 의미에 대해서는 내가 설명할 수 있다' 라는 말을 하고 계셨습니다. (이 사람의 수호령 영언을 수록하는 것은) 처음이므로 이야기를 들어보는 것도 좋다고 생각합니다.

대만에서 차이잉원(蔡英文) 씨가 총통이 되었을 때는 행복의 과학이 그녀의 수호령 영언을 냈습니다만, 차이잉원 씨에 관한 책으로서는 그것이 세계에서 처음으로 나온 책이었던 것 같습니다.

(김여정 씨에 관해서도) 새로운 자료가 생길지도 모르겠습니다. 관심을 가지고는 있어도 어떤 사람인지 분명히 알 만한 자료는 없으므로, 이번에 제1차 자료가 생길 가능성은 크다

고 생각합니다.

'행복의 과학 책이 처음 (자료)' 이라는 면은 제법 많습니다. 차이잉원 씨도 그렇습니다만, 헤이안 시대의 가모노미츠요시 (賀茂光栄) 에 관한 책을 낸 것은 아무래도 행복의 과학이 처음인 것 같아서 (검색으로) 가모노미츠요시를 조사하면 행복의 과학 영언집이 상위 쪽에 나오는 형태가 되어있습니다.

 이번에 만일 어느 정도의 내용을 취재할 수 있으면 김여정 씨에 관한 연구에서 가장 중요한 것이 될지도 모르겠습니다. 능력적인 것과 생각의 방향을 듣거나 '어떻게 이 회담을 보았는가' 를 듣거나 하면 이 사람의 경향과 앞으로의 움직임을 알 수 있고, 오빠를 조종하는 방향성이 보이는 것이 아닐까 생각합니다.

 지금 트럼프 씨의 수호령에게 물어도, 김정은 씨의 수호령에게 물어도 '대본영 발표' 밖에 말하지 않는다는 것은 거의 알고 있고, 물어봐도 소용이 없으므로, 김여정 씨의 수호령에게 물어보고 실무적으로 어떤 것인지를 채우고 싶습니다.

수록일 아침 , 오오카와 류우호오를 찾아온 수호령들

오오카와 류우호오 오늘 아침 , 나에게 온 것은 , 이 사람의 수호령이 네 번째였습니다.

 첫 번째와 두 번째, 세 번째에는 행복의 과학 내부 사람들
(의 수호령) 이 왔습니다.

 첫 번째로 온 것은 샤쿠 료코 (釈量子) 행복실현당 당수의
수호령입니다. 당연히 왔습니다만, 나는 강하게 추궁당하여,
저쪽은 한 마디도 말하지 않고 화를 내는 상태였습니다.

 두 번째에는 아마 (월간 '더 리버티' 편집장) 아야오리 씨의
수호령이라고 생각되는 사람이 나왔습니다.

아야오리 죄송합니다. (쓴웃음)

오오카와 류우호오 이 사람도 아무것도 말하지 않고 열심히
발바닥을 긁는 행동을 하므로 '뭘까?' 라고 해서, 비서는 의
미를 몰랐습니다만, 나는 '아, 격화소양 (隔靴搔痒) 이라는
의미겠구나' 라고 추정했습니다. '구두 아래에서 발을 긁어도
가려운 곳에 닿지 않는다' 라는 식의, 저널리스트로서의 유
감스러움을 의미하고 있었던 것으로 생각합니다.

 세 번째에 온 것은 아마 우리 장남 (오오카와 히로시) 의 수
호령이라고 생각됩니다만, '요전에 싱가포르에 가보고 왔어요'
라는 식이었으므로 '돌아가라' 라고 말하여 돌려보냈습니다.

 네 번째에 나온 사람은, 자칭하지 않았습니다만 총재보좌가
'김여정 씨 (의 수호령) 가 아닙니까' 라고 말하자 그 말대로
였습니다.

 이 사람에 대해서는 조금 전부터 관심은 가지고 있어서 '(수
호령 영언을) 수록할까' 라고 생각하고는 있었으므로, 이번

에 점검을 하고 싶습니다.

김정은 씨의 여동생, 김여정 씨의 수호령을 부른다

오오카와 류우호오 서론으로서는 이런 것이어도 되겠습니까?
 나머지는 (질문자) 여러분의 힘으로 대체로 윤곽을 붙잡고, 상대의 본심이 보이면 고맙겠습니다. 잘 부탁합니다.

질문자 일동 잘 부탁드립니다.

오오카와 류우호오 (합장・명목을 하며) 그러면 북한의 지도자 김정은 씨의 여동생이면서 '실질상 넘버 2'라고 생각되는 김여정 씨 수호령을 불러서 행복의 과학 종합본부에서 이야기를 듣고 싶습니다.
 김여정 씨여.
 김여정 씨여.
 처음 뵙습니다.
 행복의 과학에서 오빠 분(의 수호령)이 많이 말씀하신 것처럼, 우리 일본인에게도 알 수 있게 말해 주시면 다행입니다.
(약 10초 동안의 침묵)

3. 완전비핵화와 제재 해제 , 흥정의 내실

첫머리부터 '일본문화에 대한 동경' 을 말하는 김여정 씨 수호령

아야오리 안녕하세요 .

김여정 수호령 예 .

아야오리 행복의 과학 종합본부에 잘 오셨습니다 . 그리고 또 일본에 와 주셔서 감사합니다 .

김여정 수호령 응 . 디즈니랜드에도 갈 수 있게 되면 좋겠네요 .

아야오리 일설에 의하면 , '1990 년대에 디즈니랜드에 오셨다' 라는 이야기가 있습니다 .

김여정 수호령 예 , 그렇습니다만 . 또 갈 수 있게 되면 좋겠네요 .

아야오리 예 , 과연 . 그런 희망을 품고 계시는군요 .

김여정 수호령 응, 응. 네, 네, 네. 그런 관계가 되면 좋겠네요.

아야오리 과연. 일본과도 그런 관계가 되고 싶다고?

김여정 수호령 그렇게 바라고 있습니다.

아야오리 아, 그렇습니까? 이것 자체가 큰 뉴스네요.

김여정 수호령 우리의 어머니는 조선적(朝鮮籍)이니까요.

아야오리 예.

김여정 수호령 일본문화에 대한 동경을 사실은 가지고 있으므로 '적대하고 싶다'라는 마음을 원래 가진 것은 아닙니다.

아야오리 과연.

'재치가 있고 머리가 빨리 돌아간다'라는 인상을 주는 김여정 씨

아야오리 오늘은, 어제 열렸던 북미 정상회담 다음 날이 됩니다. 여러 가지로 아직 기억에도 새롭다고 생각합니다.

김여정 수호령 아, 그렇지요.

아야오리 매스컴 보도에서는 좀처럼 모르는 내실의 부분을, 과정도 포함해서 부디 해설해 주셨으면 하고 바라고 있습니다.

김여정 수호령 그렇습니까? 알까요, 알까요, 내가?

아야오리 김정은 위원장님과 죽 함께 이 일련의 회담을 준비해 오셨습니다.

김여정 수호령 예.

아야오리 매스컴에서 비추어진 영상을 보아도 대단히 재치가 있고……

김여정 수호령 감사합니다.

아야오리 몸놀림이 대단하게 경쾌해서……

김여정 수호령 감사합니다.

아야오리 누가 보아도 '이 사람은 정말로 머리가 빨리 돌아 간다' 라는 것을 알므로 , 모두 파악…….

김여정 수호령 감사합니다 .
이혼하실 때는 첩으로라도 삼아주세요. (회장 웃음)

아야오리 (웃음) 그 예정은 없습니다만…….

김여정 수호령 아 , 그렇습니까 ?

아야오리 예 . (웃음) 감사합니다 .

기탄없는 트럼프 대통령에게는 2 중 , 3 중으로 꾸밀 필요가 없다

아야오리 어제 회담을 마치고 어떻게 생각하고 계십니까 ? 지금의 솔직한 마음을 여쭙고 싶습니다 .

김여정 수호령 뭐 , 잘 된 것이 아닙니까 ?
 트럼프 씨가 저런 분이므로……. '대단히 숨김없이' 라고 말 하면 저걸까 ? 정직한 분이며 그때그때 , 진정한 마음으로 말 해 주시는 분이므로 .

아야오리 과연.

김여정 수호령 뭐라고 할까, 2중, 3중으로 꾸밀 필요는 없고, 저쪽이 말해 오는 것을 스트레이트로 듣고 판단하면 되었으므로, 교섭 상대로서는 대단히 이해하기 쉬운 상대였습니다.
 더 복잡하게 생각하는 유형, 신중한 유형이라면 교섭은 되지 않지만 (트럼프 씨는) 경영자로서 부동산 왕이기에, 독재자 기질을 가지고 있으며 '우두머리가 OK 라고 하면 OK' 라는 생각을 잘 아는 유형이므로, 교섭으로서는 시간을 단축할 수 있는 유형이지요.

원래부터 CVID 는 주권국가에는 받아들여지지 않는 것

아야오리 우리가 본다면 역시 초점은 '비핵화' 부분입니다.
여러 가지로 사전에 말해졌고 '완전하고 검증 가능하며 불가역적인 비핵화' (CVID) 라는 것을 미국은 요구하던 셈입니다만, 결국은 이 비핵화가 뭔지 잘 알 수 없는 문장으로서 합의 문서에 나와 있습니다.
 그 때문에 '이것이 정말로 실행될 것인가 아닌가' 라는 점이 가장 마음에 걸리는 부분입니다.

이에 대해서는 어떻게 생각하십니까?

김여정 수호령 저것을 교섭할 즈음에 '가장 강한 카드' 로서 꺼내올 것은 알지만요. 다만, 저것이, 정말로 말대로 할 수 있다는 것이 되면 (북한은) 전부 점령당한 상태겠지요. 그렇지 않으면 무리라고 생각합니다.

아야오리 아. 네.

김여정 수호령 그런 것이라면 할 수 있다고 생각합니다만, 아직 주권국가로서 남아있으면서 그것을 하는 식이라면 무리입니다. 양보할 수 없다. 거기까지 한다는 것이라면 이미 평양이 미군에 의해 거의 점령된 상태겠지요.
 또는 (북한의 통치가) 유엔에 완전히 이행되어서, 유엔의 위임통치 아래에 운영되고 있다면 할 수 있겠지만 '지금 상태로 단숨에 거기까지 가기는, 역시 주권국가로서는 무리일까' 라고.

아야오리 음.

김여정 수호령 그렇기에 오빠에게도 '제1회 회담으로 여기까지 (합의 문서에) 넣는 것은 불가능' 이라고 나도 말씀드렸습니다.

아야오리 과연.

 그렇다면 앞으로 최종적으로는 '완전하고 검증 가능하며 불가역적인 비핵화'를 향해 나아갈 작정은 있다고 생각해도 좋겠습니까?

김여정 수호령 물론, 상대가 있는 일이므로 '미국이 하는 말이 정말로 실행되어 갈 것인가 아닌가'가 중요합니다.

 다만, 이쪽은 '단계적으로'라고 말하고 있습니다. 이것도 문서로 나오지 않았습니다만, 단계적으로 하지 않으면 신용할 수 없는 부분은 역시 있으니까요.

 '(이쪽이) 어느 정도 하면, (저쪽의) 태도가 어느 정도 바뀌는가'를 확인하지 않으면 안 되므로 '양쪽 다 거기를 명확히는 하지 않았다'라는 것이지요.

 예를 들면 '어떤 핵 실험장을 폐지하거나, 어떤 것을 폐기하거나 하면, 태도가 어떤 식으로 바뀌고, 제재의 정도가 어떻게 바뀌는가'라든지, 이런 곳을 확인하면서가 아니면…….

 거기에는 서로 뭐라고 할까, 교환 조건과 같은 면은 역시 있기는 있는 것이 아니겠습니까? 갑자기 '전부 바다에 가라앉혔습니다. 네, 벌거숭이입니다'라는 식으로는 되지 않지요.

지난 몇 개월 만에 북한의 사고방식은 극적으로 바뀌었다

아야오리 김정은 위원장님 수호령은 몇 번이나 여기에 오셔서 이야기를…….

김여정 수호령 신세를 졌습니다.

아야오리 아니, 이쪽이야말로, 정말…….

김여정 수호령 여기(행복의 과학)에 대해서도 '서방의 대변인'이라고 이해하고 있으니까요.

아야오리 과연.

김여정 수호령 '세계에서 가장 빨리 확실한 정보가 들어오는 곳이다'라고 이해하고 있습니다.

아야오리 감사합니다.
 김정은 위원장님 수호령은 '핵을 포기할 작정은 없다'라는 말을 지금까지 하고 계셨습니다.
'김여정 씨'라고 부르겠습니다만…….

김여정 수호령 응.

아야오리 '지금, 조금 사고방식이 달라진 것일까' 라는 느낌도 듭니다.

김여정 수호령 지난 몇 개월 만에 극적으로 바뀌고 있으니까요…….

아야오리 바뀌었습니까?

김여정 수호령 응. 적어도 대륙간 탄도탄이라고 할까, 미사일 발사도 이미 반년 이상 멈춘 상태죠?

아야오리 예.

김여정 수호령 그렇기에 이 동안에 생각이 바뀌었습니다.

트럼프 대통령은 '칭찬해 두고 세게 쥔다' 라는 수를 쓴다

김여정 수호령 중국 쪽의 '저것' 도 대단히 있는데요. 중국 쪽 후원도 있어서 하고는 있습니다만, 냉정히 생각하면, 지금의 경제 제재는 상당히 심각하게 영향을 끼치고 있습니다. 미국은 중국 쪽까지 세게 쥐었으니까요.

'트럼프 씨는 대단하구나' 라고 생각되는 곳은 여기예요.

아야오리 아.

김여정 수호령 김정은, 오빠도 칭찬받으면서 하고 있었지만 (트럼프 씨는) 과연 '교섭의 달인' 이라고 말해질 만큼 '칭찬해 두고 세게 된다' 라는 수를 쓰죠.

 중국의 국가주석을 '내 친구다' 등으로 말하여 치켜세우면서 무역적자를 대폭 삭감하려고 하죠. 저런 방식이 '트럼프류' 예요.

 '친한 친구다. 앞으로도 사이좋게 지내야 한다' 라고 말하면서 딱 관세를 걸고 (중국의) 이익, 무역의 흑자 부분을 삭감하려고 하고 있다.

 그 흑자 부분의 삭감 폭은 몇천억 달러라는 크기입니다. 몇천억 달러나 당할 정도라면 북조선에 대한 식량이나 중유 등의 (수출) 실적을 축소하는 쪽이, 아무리 생각해도 역시 싸게 먹히니까요. 그래서 조금 죄지 않을 수 없다.

 중국이 (북한에 대한 수출을) 완전히 그만두면 북조선이 나라로서 끝장나 버리는 것을 (트럼프 씨는) 알고 있습니다. 그러므로 저쪽 (중국) 을 제대로 뒤흔들면서 이쪽인 북조선에 대해서는 '미소 외교' 식으로 와 있는 것입니다.

 중국 쪽에 대해서는 지금 관세의 부분에서 상당히 뒤흔들고 있습니다. 2000 억 달러였습니까?

아야오리 그러네요 . 네 .

김여정 수호령 그렇다면 , 20 조 엔 ?

아야오리 예 . 20 조 엔이네요 .

김여정 수호령 20 조 엔이나 무역흑자가 삭감당하게 되면 중
국의 '일대일로 (一帶一路) 전략' 이라고 하는 , 저런 것은 무
너지죠 . 순식간에 이익이 없어져서 적자가 될 가능성이 있으
므로 , 패권국가가 되려고 하는 중국의 꿈이 지금 일제히 제
거되려고 하는 것이죠 .
 그 대가 (代價) 가 , 사실은 '북조선 부분을 낙성 (落城) 시
킨다' 라는 생각이지요 .
 그쪽에서부터 오므로 , 상대 쪽 , 미국 쪽이 전략은 큽니다 .

아야오리 과연 . 어떤 의미로 북한의 시점만이 아닌 시점도
가지고 계셔서……

김여정 수호령 그것이 내 역할이니까요 .

아야오리 과연 . 그렇습니까 ?

김여정 수호령 예 . 앞에서의 소개에도 있었지만 '국제정세
분석 담당' 도 내 역할이니까요 .

제재를 해제하는 시나리오를 이렇게 읽고 있다

아야오리 그러면 트럼프 씨 대신, 미국 측 시점에서 이야기를 여쭙고 싶습니다만.

김여정 수호령 아. 네, 네, 네.

아야오리 트럼프 씨는 기자회견에서 '비핵화가 끝나지 않으면 제재를 해제하지 않겠다'라고 말씀하셨습니다. 그것에 대해서는…….

김여정 수호령 문제없습니다. 먼저 일본과 남조선이 해제해 갈 테니까, 조금은 편해질 것입니다.

아야오리 한국은 이미 실질적으로 해제를 시작하고 있는 면도 있지요.

김여정 수호령 예. 이미 뼈 빠진 상태가 될 것이고, 중국도 조금 완화해 오는 '느낌'이니까요.
 미국에는 프라이드가 있으므로 '해제하지 않겠다'라는 것으로 좋다고 생각합니다. '실제 비핵화가 아무것도 진행하지 않으면 해제하지 않겠다'는 것은, 미국으로서는 지키지 않으면 안 되는 일선(一線)이라고 생각하죠. 그것을 해제해 버린다면 전혀 아무것도 교섭할 재료가 없어질 테니까요.

아야오리 이 부분에 대해서는 회담 안에서 이야기가 나왔습니까? '이 정도까지 비핵화를 진척시키지 않으면 해제하지 않는다' 라는 이야기는 있었습니까?

김여정 수호령 역시 '눈에 보이는 형태로 "이만큼 했다" 라고 미디어가 보도하는 형태로는 해주세요'라는 말은 들었습니다. '그것을 보면서 해제하겠지만, 미국의 경제 제재 해제는 맨 마지막이 될 것입니다' 라고.

아야오리 과연.

김여정 수호령 '그 대신 중국이나 한국, 일본의 부분은 차례로 느슨해져 갈 것입니다' 라고.
 그리고 '일본으로부터는 아베 총리가 "납치 피해자를 돌려달라" 라고 말하고 있으므로, 그것에 대해 무언가의 형태를 낼 수 있으면 아마 경제원조가 될 것입니다'라는 말은 있었지요.

아야오리 과연.

'체제보증' 의 진정한 의미와 내용

아야오리 또 하나 마음에 걸리는 곳은 '체제보증' 의 부분입니다. 이 내용도 트럼프 대통령의 기자회견을 통해서도 역시 밝혀지지 않은 면이 있습니다. 이에 대해서는 어떻게 트럼프 대통령으로부터 전해져 있습니까?

김여정 수호령 아니, 이것은 미국이 일방적으로 양보하여 북조선이 이득을 본 것처럼 보일지도 모르지만, 그런 것은 아니죠. '비핵화를 진척시키지 않으면 저쪽도 체제보증은 하지 않겠다' 라는 것이니까요.

아야오리 아, 과연.

김여정 수호령 뭐, 당연합니다. 이쪽도 알고 있으니까요. 비핵화는 구두 약속으로 '하지 않으면 체제보증은 없는 것과 똑같다' 는 것이니까요. 연내에 다시 한번 (한미) 공동 군사훈련을 시작하여 강한 경제 제재를 가할 것이 틀림없으니까요.

아야오리 아, 과연.

김여정 수호령 이것은 '체제보증' 이라는 말로는……, 뭐, 일단 서로의 명분이니까요. 그러니까 알고 있습니다. 그것은 (비핵화를) 하지 않으면 보증은 없어요. 교환 조건이니까요. 그러므로 일단 '비핵화를 향해서 하는 동안에는 김정은이 권력자로서 그것을 실행해라' 라고. 요컨대 '체제보증을 한다는 것은, 동시에 당신을 비핵화 실행 책임자로서 임명할 테니 잘

해 달라. 그렇게 하면 싸우지 않고서 끝나요' 라고.

아야오리 과연.

김여정 수호령 다만 (비핵화를) 하는 본인이 없으면, 누가 하는 것인지 결정되지 않으면 이제 공격해서 부수는 것 이외에 방법은 없으니까요. 미국으로서도 100 곳에서 150 곳 정도 핵시설이 있다는 정도는 파악하고 있지만, 실제로 전부 부수기는 상당히 무리가 있으니까요.
 안에 있는 사람은 전부 알고 있으니까 '그쪽에 시키면 가장 안전하다' 라는 것, '눈에 보이는 형태로 무언가의 폐기 처분을 한다' 라는 것으로 생각합니다.

아야오리 과연.

비핵화 계획은 폼페오 씨나 볼튼 씨와 채워 간다

아야오리 그러면 그 '눈에 보이는 형태' 의 부분인데, 지금 시점에서 김정은 위원장님과 뭔가 '이런 계획으로 하자' 라는 이야기는 나와 있습니까?

김여정 수호령 부하인 두 명, 폼페오 씨 (미 국무장관) 와 '죽음의 신' ?

사토무라 볼튼 (미 대통령 보좌관) 입니까 ?

김여정 수호령 응 , 응 , 볼튼 . 맞죠 ?

아야오리 죽음의 신이네요 . (웃음)

사토무라 죽음의 신 . (웃음)

김여정 수호령 '죽음의 신이 온다' 라는 것이므로 그것으로 채워야 하죠 . 그러므로 '이것과 , 이것과 , 이것을 하면 어떻게 되는가' 라는 식으로 채우는 형태가 된다고 봅니다 .
 이것은 대통령이 해야 할 일이 아닐지도 모릅니다 . 거기까지는 할 수 없을 테니까요 .
 미국이 파악하고 있는 것만으로도 아마 '핵시설은 150 곳 정도는 가지고 있다' 라고 보고 있다고 생각합니다만 , 실제는 지하도에 의해 이어진 핵시설은 상당히 많죠 . 새롭게 만들려고 하면 , 실은 , 더욱더 출구는 만들 수 있게 되어있으니까요 .
 이것은 실제로 월남전쟁에서 지하도를 몇백 킬로나 만들어서 저항한 것과 똑같은 전략이며 , 북조선의 지하는 산밑까지 많은 터널뿐이지요 . 밖에서의 공격만으로는 모두 부술 수 없게 되어있습니다 .
 예를 들면 , 산밑에 있는 핵 장비를 , 지하 터널을 사용해서 어디선가 꺼내올 수 있도록 해 놓으면, 거기서 간단히 발사할 수 있으니까요.

 그러므로 전부를 단숨에 부수기는 불가능해서, 이것은 트럼프 씨도 어느 정도 이해하는 곳이니까요. 한 발이라도 쏘게 되면 그것은 서울이 '불바다'가 되는 것은 알고 있을 테니까, 그런 일이 없도록 하려고 하는 셈이죠.

사토무라 지금 솔직하게 여러 지하도의 이야기도 포함하여 극비사항까지 밝혀 주셨습니다.

김여정 수호령 그런 입장이죠. 나는 핵 버튼을 누르는 결정을 할 수 있는 멤버 7명 중 한 명이니까요.

4. 충격의 '무혈개성' 구상

북한은 '전쟁으로서는 패했다'

사토무라 거듭 다시 한번 확인하고 싶습니다만, 북한의 비핵화에 대해서는 역시 '그런 의지를 가지고 계신다' 라고 받아들여도 좋습니까?

김여정 수호령 그렇다고 할까, 전쟁으로서는 패했어요.

사토무라 아하…….

김여정 수호령 예를 들면, 구소련과 미국은 냉전을 죽 하면서 확대 경쟁을 해왔고, 핵전쟁 시뮬레이션으로 죽 싸워서, 고르바초프가 패배를 인정하고, 그래서 국가 해체까지 갔죠. 그러므로 이것을 너무 비참한 스타일이 되지 않도록 하자고, 지금 하는 단계죠.

 모의 전쟁으로서의 핵전쟁은 (북한은 미국에) 이미 패한 것입니다. '이것은 패했다' 라는 것은 알았으니까요.

 그러므로 '그만큼 많은 사람을 죽게 해서까지 할 필요가 있는가' 를 생각했을 때, 트럼프 씨가 제시한 안 (案) 은 '그처럼 죽음의 도시가 되기보다는, 역시 싱가포르처럼 번영한 나

라가 되는 게 좋겠죠? 미국은 재정적자와 무역적자를 가지고
서 지금 그 경제의 재건을 위해 대단히 힘들지만, 미국의 경
제력에서 본다면 북한이라는 국가를 변영시키는 데에 사용할
정도의 에너지는 아주 작은 것이므로, 이것은 간단히 할 수
있는 일입니다' 라는 식일까요?
 '중국과의 적자를 제로로 하는 것은 대단히 힘들지만, 북한
에 새로운 산업을 일으키고, 경제적 번영을 주고, 그리고 미
국 자본 등이 북한에 진출함으로써 공장이나 회사를 가진다
는 것은, 북한의 체제를 유지하는 의미에서도 도움이 될 것이
고, 미국의 회사 경기를 부양시키기 위해서도 도움이 된다.
양쪽에 있어서 "Win-Win" 이 아닐까' 라는 식의 이야기를
하셨죠.

사토무라 아, 그렇습니까? 네…….
 지금 '패했다는 것입니다' 라고 말씀하셨습니다.

김여정 수호령 패했습니다.

사토무라 그렇다는 것은, 이것은 이제 '세계적으로 봐도 가
장 중요한 빅뉴스다' 라고 생각됩니다만…….

김여정 수호령 아, 패한 것입니다.
 패했지만, 트럼프 씨는 패한 사람을 비참하게 다루지 않습니
다. 거기는 그의 기사도적인 정신으로, 어제는 그렇게 보이지

않도록 해주었던 셈이죠. 사실은 패한 것입니다.

사토무라 과연.

하지만 경제면에서 주변국과 이어진다면 패배가 아니다

사토무라 우리는 조금 전에 아야오리가 이야기한 것처럼, 몇 번인가 오빠이신 김정은 위원장님 수호령님과도 대화를 가졌습니다만, 좀처럼 '패배'라는 인식은 하지 않으셨습니다. 지금 그 부분에 대해서는 어떻습니까?

김여정 수호령 아니, 뭐…….

사토무라 위원장님의 의식과의…….

김여정 수호령 '패한 것은 패했다'는 것입니다만, 만일 미국·중국·북조선·남조선 쪽에서 좀 더 경제적으로 자유로운 움직임을 할 수 있는 관계를 만들 수 있으면, '패배'여도 '패배'가 되지 않도록 할 수 있죠.
  요컨대, 지금 국민의 생활이……. 그러니 (앞에서 오오카와 총재는) '40%는 영양실조'라고 말하고 있었는데, 정확한 수치는 모르겠습니다만, 상당히 굶주린 것은 사실입니다.

 그러니까 그것을 먼저 좀 어떻게든 하지 않으면, 어느덧 그
것은 혁명이 일어날 것은 확실하죠. 중국이 정말로 (원조를)
막으면 혁명이 일어날 것입니다. 암살당할 위험은 느끼고 있
으니까요.

 만일 남조선이나 중국, 혹은, 미국과 무역을 자유롭게 할 수
있게 된다면, 완만하게 이행 기간을 거치면서 평화 국가로 만
들어서, 남조선과 왕래할 수 있는 식으로 된다면, 차츰 그것
은 그것으로 진정시킬 수는 있다고 생각하고 있습니다.

사토무라 음.

오빠 김정은 씨에게는 '여기서 손을 잡는 게 좋겠다' 라고 권하고 있다

사토무라 지금 여쭀던 것은 극히 적확한 이야기였습니다. 예
를 들면 '지금 북한 국민은 어떤 상황인가' 라든지, 그런 상태
도 파악한 다음의 판단이라고 들었습니다만, 실제로 그렇습
니까?

김여정 수호령 응. 실제로는 '패전' 입니다. 그것은 그 말대
로입니다만. 하지만 '패전' 은 '패전' 이지만, 오빠 쪽은 역시

프라이드가 있으므로, 그것 (패전)은 인정할 수 없으니까요.
그러므로 나 쪽은 '이것은 이미 싸워서 패할 것을 확인할 때
까지 할 필요는 없는 게 아닐까' 라는 것은 말한 셈이니까요.

사토무라 그것을, 이 지상에서 여동생인 여정 님이 위원장님
에게 말했다고 ?

김여정 수호령 그렇게 말했습니다.
'트럼프는 무섭기는 무섭지만, 다만 그는 "한다" 고 하면 하
는 사람이므로, 그가 말할 경우는 기회이므로, 여기에 즉각
응하는 게 좋겠다. 다른 사람이라는 좀 어려운 게 아닐까' 라
고.
민주주의의 어려움은 과정이 복잡해서 좀처럼 다수를 얻을
수 없으니까요. 이미 민주주의는 독재적인 지도자가 나오지
않는 한, 그리 간단히 끝나지는 않으니까요. (웃음) 트럼프
씨라면 '좋다' 라고 하면 그럴 가능성은 크니까요.
'실은, 가장 무서운 상대이기는 하지만, 여기서 손을 잡는 게
좋겠다. 다른 사람이 나왔을 때가 더 까다롭고 어려워진다'
라는 생각입니다.

북한의 체제전환 모델을 어느 나라에서 찾아내고 있는가

오이카와 지금 냉전의 이야기가 되었는데, 마침 미국에서도, 지금의 북한과 미국의 관계는 미소 냉전으로 비유할 수 있다고 많이 말해지고 있습니다. 만일 당시의 소련이 지금의 북한이라고 한다면, 확실히 전쟁은 일어나지 않았습니다만, 최종적으로 소련 체제는 붕괴하였습니다.

김여정 수호령 네, 네.

오이카와 그러면 김여정 씨는 구체적으로 어떤 이미지로 이 체제를 유지하겠다고 말씀하시는 것입니까?

김여정 수호령 먼저, 중국이 경제적 번영을 조금 만들면서도 정치적 체제를 바꾸지 않고 유지하는 것처럼……. 소련이 러시아가 된 과정에서 정치적으로도, 경제적 개혁이 정치적 개혁과 하나가 되어 붕괴해 버렸기 때문에, 역시 중국은 저것을 두려워하여, 정치 쪽만 원칙적으로 아직 공산당 일당 독재로 하고 있습니다.

 우리도 '노동당 일당 독재'와 같은 것이지만, 다소 정치와 경제를 분리하면서, 경제를 좋게 하면서 실질상, 다소 민주화를 진행해 가지 않으면 안 되는 걸까.

 '그 이행을 잘하지 못하면 커다란 국가 붕괴에까지 가겠구나'

라고는 생각하고 있습니다.

오이카와 그 민주화에는 '자유'도 들어있습니까?

김여정 수호령 응, 일단 들어있죠. 다만, 자유를 주려면, 어느 정도 '경제력'이 필요하죠. 각자가 스스로 자활할 수 있는 수준까지 가지 않으면 안 되니까요.

 지금은 자활을 못한 사람들이라고 할까, 배급으로 생활하는 사람이 상당히 많으니까요. 배급 생활을 하는 사람들에게 자유를 주어도 폭동밖에 일어나지 않으므로, 그리 간단히 그렇게 할 수는 없어서요.

 어느 정도 일을 해서 자활할 수 있는 사람에게는 자유를 주어도 좋다고 생각합니다만, 배급만 받는 사람들에게 자유를 주어도 똑같이 되지 않는다고 생각하고 있습니다.

아야오리 그것은 중국 체제에 다가간다는 것입니까? 경제 부분은 어느 정도의 자유화가 있고, 정치 부분은 조선 노동당이 계속해서 줍니까?

김여정 수호령 우선은 그런 중국 모델도 하나는 있죠.

 혹은, 일본이 북조선에 대해 2차 대전 후의 '마셜 플랜(Marshall plan)'과 같은 대담한 부흥 지원을 해주든지.

 일본은 지금 충분한 해외 투자처가 좀처럼 없는 것 같으므로, 대단히 큰 해외 투자 계획을 세워서……, 예를 들면 '20

년 수준으로 국가를 재건할 계획' 같은 것 , '큰 엔 차관' 같은 것으로 북조선을 지원해 준다는 것이 된다면 , 상당히…….

오이카와 얼마 정도입니까 ?

김여정 수호령 음……. 그렇군요 , 20 년으로 50 조 엔 정도 . '전부 무료로 주세요' 라고는 말하지 않을 테니까요 . 가능하다면 이자가 없는 쪽이 좋다고 생각하지만 , '20 년으로 50 조 엔 정도 빌려주어서 , 나중에 성장하면 갚는다' 는 스타일 . 도중부터 갚아도 좋지만요 .
 그 정도의 계획이라면 나라 전체를 재건할 수 있다고 생각하고 있습니다 .

사토무라 실제로 한국에서도 일본에서도 , 북한의 노동자는 , 요컨대 구 일본 시대의 문화를 가지고 있으므로 '기본적으로 속이지 않고 성실하게 일한다 . 대단히 근면하다' 라고 말해지고 있습니다 .
 그리고 또 하나 북한에 대해 말해지는 것은 역시 광물자원이지요 .

김여정 수호령 예 . 그것은 풍부합니다 .

사토무라 '그것에 관해서는 대단히 유망하다' 라는 식으로 , 역시 일본에서도 주목되는 일이 있습니다 .

김여정 수호령 네, 네, 네. 광물자원은 상당히 많으므로, 그
것은 기업이 많이 들어올 수 있는 여지는 있다고 생각합니다.

사토무라 그리고 노동자의 질에 관해서도, 예를 들면 양복
은 북한의 중요한 수출물이 되어있어서, 한국이나 중국 제품
에 비하면 더 질이 좋고, 그것은 '예전의 일본인한테서 배웠
다' 라는 것 같습니다.

김여정 수호령 응, 응, 응.

사토무라 그런 곳도 어떤 의미로 일본과 좋은 경제적 관계를
만들 수 있는 곳이지 않냐고 생각합니다.

김여정 수호령 응. 아니, 남조선은 인건비가 비싸므로, 이제
일본의 공장이 남조선으로 이전해도 그다지 메리트는 없다고
생각됩니다.
 그러나, 북조선에 공장 등을 내주시면, 원시적인 일본의 쇼
와 (昭和) 20~30 년대 (1950~60 년대) 를 재건한 것 같은
수준의 일이라면, 지금의 경제력에서 본다면 (일본의) 100
분의 1 까지는 가지 않을지도 모르지만, 아마도 10 분의 1 보
다는 싼 임금으로 노동력이 손에 들어올 가능성은 크므로,
공헌할 수 있는 것이 아닐까 생각합니다.
 중국도 (인건비는) 비싸져서, 예전에는 10 분의 1 이었던 것
이 지금은 4 분의 1 부터 더 비율이 낮아지고 있다고 생각해

요 .

북조선은 좀 더 싸므로 . 더 싸도 우리는 상관없으니까요 . 이미 월급이 2, 3 만……, 3 만 (30 만 원) 이나 있으면 북조선은 정말 감지덕지하죠 . 그래서 충분히 일가가 먹고살 수 있으니까요 .

그런 의미에서 만일 관계가 더 개선되어서 자유롭게 왕래할 수 있을 정도의 관계를 만들 수 있으면 , 일본의 하도급 부분을 많이 받을 수 있으면 고맙겠다고 생각하고 있습니다 .

5. 북한에서 '메이지 유신'을 일으키려고 하고 있다

납치 피해를 지나치게 추궁하는 것이 도리어 메리트가 없는 이유

아야오리 그것을 위해서는 역시 일본 국민이 납득할 만한 전제가 필요하다고 생각합니다만, 우선은 '납치 피해자를 어떻게 할 것인가' 라는 것이죠.

김여정 수호령 다만, 그것은 말이죠, 음……. 뭐, 지금 일본 정부를 비판하는 것은 좀 좋지 않다고는 생각하지만, 40년 이상의 세월이 지났으므로, 사실을 말해서 그것으로 좋은지 어떤지 알 수 없는 면이 있죠.

 기대하는 분은 기대한 채, 이 세상을 떠나시는 쪽이 행복할지도 모르는 면도 일부 있으니까요. 40년이나 지나면, 분명히 말해서 90%는 죽었죠. 살아 있지 않은 사람이 많죠. 10% 정도가 살아 있을 가능성은 있습니다만, 하지만 대개의 경우는 북조선 사람과 결혼하여 아이를 갖고 가정이 있습니다.

 그래서 뭔가 직업을 갖고 있으니까요. 격리되어 교도소에 들어간 사람은 별도로 하고, 그 외의 사람일 경우는 뭔가 북조

선의 정보에 관계되는 일에 종사하는 사람이 많으므로, 돌려
주려고 해도 돌려줄 수 없는 상태가 된 경우가 많다는 것이
죠.

아야오리 다만, 역시 일단락 짓고 새로운 관계를 맺기 위해
서는, 솔직하게 모든 것을 밝힐 수밖에 없다고는 생각합니다.

김여정 수호령 음……. 뭐, 이 부분은, 사실은 제법 심각합
니다. 강하게 그것을 말함으로써 메리트는 그다지 없을지도
모르겠습니다.

아야오리 음…….

사토무라 메리트?

김여정 수호령 메리트가 없다는 것은……. 메리트가 없다고
할까, 최근에 붙잡힌 사람이라면 돌려줄 수 있지만, 이미 그
렇지 않으니까요.
 그러므로 나로부터는 대단히 말하기 어렵지만, 북조선이라
는 나라는 '나쁜 정보가 샐 정도라면 그 증거를 지워버린다'
는 것을 과거에 얼마든지 해왔으니까요.
 아버지(김정일)가 일본인을 군사적 훈련으로 납치한 것을
인정했다는 것과, 그 후 그 사람들이 행복해졌는가 아닌가와
는 조금 다른 것이니까요. 입막음을 당하게 될 수 있을지도

모르니까요.

사토무라 음…….

김여정 수호령 그런 것이 밝혀져서 양국관계가 잘 될 것인지 아닌지는 약간 미묘하죠.

아야오리 그것은 아마 '북한 국민으로 심하게 탄압을 받는 분, 혹은 강제수용소에 수용된 분을 포함하여, 모두 해방하여 자유를 준다' 라는 것 가운데에서, 어떻게든 신뢰 관계가 생겨나는 것이라고는 생각합니다.

김여정 수호령 음…….

군축에 대한 군부의 저항을 예측해서 김 체제를 지키는 트럼프 대통령의 의도

김여정 수호령 다만 '군부를 제압하면서 그와 같은 핵무기 감축을 하고, 그 후 노동, 대포동 등을 삭감한다'라고 한다면, 상당히 강력한 지도력을 갖춘 사람이 살아남지 않는다면, 못 하는 것은 못 하니까요.

사토무라 과연.

김여정 수호령 군부가 만일 무기를 가지고 군부 독재를 선포한다면 더 어려워진다고 생각하니까요.

사토무라 아……. 예전의 바쿠후(幕府) 말기의 일본에서도 존황양이파(尊皇攘夷派)가 있어서 좀처럼 이성적인 판단으로 진행할 수 없었습니다. 양이파에도 뜻은 있었습니다만, 어려웠습니다.
 즉, 지금 북한 군부에도 역시 북한의 변화에 대해 전부가 그대로 두 손 들고 여정 씨 생각에 찬성하는 것은 아니고, 거기를 제압하면서 해야 하는 어려움이 있다는 것이군요.

김여정 수호령 오빠가 위원장을 하기 위해 이미 1000명 이상은 숙청했으니까요. 역시 그만큼의 대가를 수반하는 것이니까요.
 아직 그래도 '군인이다' 라기보다는 '정치가' 라고 보아야 한다고 생각하니까요. 아직 정치가지만요. 만일 이것, '군부가 정치한다' 라는 것이 되면, 이런 것으로는 끝나지 않을 상태가 일어난다고 생각됩니다.

아야오리 미국에 의한 '체제보증' 에는 그런 의미도…….

김여정 수호령 그래요, 그래. 반대로 보호받는 면도 들어있

죠. 여기에는 '일이 전부 끝날 때까지는 여러분을 지키겠다'
라는 것도 들어있죠.

그러므로 지금은 어디도 그렇지만, 군축하기 시작하면 군부
라는 것은, 대개 정부에 저항하는 것이 보통이니까요. '예산
삭감' 이라든지 '무기의 폐기' 등에는 저항하니까요. 반란을
일으킬 테니까요.

그 의미에서는, 다른 의미로 그것(군축)을 실행하기 위해
서도 체제의 보증이 없으면 어렵다고 생각됩니다.

아야오리 과연.

사토무라 확실히 소련이 붕괴할 때도, 1991년 8월에 고르
바초프 대통령이 군인 등도 포함한 수구파에 감금되어, 반혁
명이 일어나려고 했던 때도 있었습니다.

김여정 수호령 여러분이 본다면 아마 '우스갯소리'로 보이겠
지만, 트럼프 대통령이 우리를 '백악관에 초대해도 좋다' 라
고 말했다는 것은 '만일 테러리스트가 반기를 들고 쿠데타를
일으키겠다는 때라면, 미국은 우리를 받아들여요' 라는 것이
기도 하죠. '도망갈 길이 있습니다' 라는 것을 말하는 셈입니
다.

사토무라 과연.

'북한에 전쟁을 계속할 능력은 없다'

사토무라 어제 트럼프 대통령이 단독으로 가진 기자회견 중에서, 장황할 만큼 김정은 위원장님을 '우수한 젊은이다' 라고 말하고 있었습니다.

이에 대해, 나로서는 '실행 책임을 지게 해 두고서 "못하면, 알지?" 라는 하나의 위협이었던 것이 아닐까' 라고 생각했습니다.

하지만 여기에는 '체제보증' 이라고 할까, '미국이 백업할 터이므로 어쨌든 할 수 있을 만큼 해 보아라' 라는, 뭐, '성원' 이라는 말은 이상할지도 모르지만, 그런 의미도 있었습니까?

김여정 수호령 여러분은 우리나라를 너무 지나치게 평가하는지도 모르겠습니다만, 구소련과 북조선과는, 역시 전력에 상당히 차이가 있습니다.

구소련은 정말로 미국을 이길 가능성이 있었던 곳이니까요. 좀 더 경제적인 힘이 버팀목으로서 있었다면 이길 수 있었을 가능성이 있었는데, 한계까지 왔다는 것이죠.

우리나라는 일본에 있는 하나의 현(縣)의 예산이 있을지 아닐지 알 수 없을 정도로, 아니, 더 작은 것이 아닐까 생각합니다. 요컨대 대부분이 군사에 집중하여, 나머지는 찢어지게 가난한, 일본에서 말하면 옛날 에도 시대의 농민과 같은 상황이니까요.

그러므로 구소련 정도의 힘은 없습니다. 그것은 이미 알고 있는 일입니다. 실제로 그렇게 오래 전쟁을 계속할 능력은 없습니다.

 만일 중국이 또 참전해서 싸운다고 하면 계속되겠지만, 그것이 없죠. 지금으로서는 트럼프 씨가 능숙하게 '유도의 굳히기'를 걸어서 중국을 움직일 수 없도록 세게 죄고 있으므로, 중국이 지금 북조선을 위해 미국과 싸워 준다고는 조금 생각할 수 없는 상황이지요.

사토무라 예.

김여정 수호령 미국과의 무역 액수가 최대가 되었으므로, 이익을 생각한다면 그것은 하기가 매우 어렵죠.

 중국에서 본다면 북조선이라는 것은 '눈썹'과 같은 존재이며, 땀이 눈에 흘러드는 것을 막을 정도의 역할밖에 실제로는 없죠. '눈썹을 깎았다고 해서 죽는 것은 아니다' 라는 정도의 존재죠.

문제의 본질은 중미의 '다음 냉전'

오이카와 중국과의 관계에 대해서 질문하겠습니다. 김여정 씨와 김 위원장은 중국을, 사실은 좋아합니까, 싫어합니까?

김여정 수호령 음……, 헤헷, 어렵네요. (웃음) 어려운 질문을 했네요. 음…….

 아니, 대국이니까요. 중국도 그렇지만, 뭐, 중국•러시아•미국, 그리고 일본도 대국은 대국이죠. 이 4개국과의 관계는 대단히 어려운 문제라고 생각하고 있죠. 우리 힘에 겨울지도 모르는 문제라고 생각합니다.

 다만, 어딘가 한 나라가 후원해 주지 않으면 체제를 지탱하지 못한다는 것은 명확하죠.

사토무라 한반도는 죽 그런 역사였으니까요.

김여정 수호령 응, 응, 응.

오이카와 아까 번에 살짝 '중국의 후원'이라고 말씀하셨습니다만, 그것은 본심입니까?

김여정 수호령 음……. 그러니까, 아니, 이제 '그다음 냉전'의 시뮬레이션이 시작되고 있죠.

 중국 쪽은 북조선이라는 송곳니가 뽑히는 것은 어쩔 수 없다고 보는 셈이지만, 독자적인 군사적 발전과 경제적 발전으로 경제력이 미국을 앞지를 때, 중국의 패권이 성립할지 아닐지 하는 면, 초점은 이미 거기에 가 있습니다. 그러므로 시진핑 씨가 종신제를 시행하면 할 수 있다고 생각하는 면입니까? 뭐, 이것과의 싸움이 있는 셈이지만요.

뭐, 내 감상을 말하면, 중국을 의지해도 되는 면도 있지만, 때에 따라서는 북조선도 내몽고나 위구르, 티베트처럼 당하는 일조차 있을 수 있으니까요. 어디까지 의지하고 신용할 수 있는가 어떤가는 미묘해서 '사용할 수 있는 곳은 사용할 수 있지만, 전부 신용하면 나라를 빼앗겨버릴 가능성도 있다'는, 그 부분의 무서움은 역시 있죠.

오이카와 아까 번에 말하던 '미국의 민간 자본이라든지, 일본의 자본 등을 들여와서 경제번영을' 이라는 식으로 되면, 중국과의 관계가 대단하게 미묘해지겠죠?

김여정 수호령 역시 일단 그것은 저울질하지 않을 수 없는 것이 아닙니까? 중국과 미국과 일본과, 여러 기업이 들어오려는 가운데, 어느 것을 선택하느냐는 것. 그것은 소위 시장 원리가 작용해서 선택되는 것이 바람직한 것이 아닙니까? 유럽도 있지만요.

김정은 씨가 싱가포르의 번영에 큰 관심이 있었던 이유

사토무라 지금 오이카와도 말했습니다만 '북미 관계가 대단히 친해지는 것' 은 지금까지의 상식으로 말하면, 중국에 있어서는 대단히 불쾌한 일일 것입니다.

김여정 수호령 예.

사토무라 그 때문에 중국은 이제부터 북미가 너무 가까워지지 않도록 간섭하리라는 것은 충분히 상정할 수 있습니다만, 여정 씨로서는 이 부분도 상정 내의 일입니까?

김여정 수호령 이번에 싱가포르에 가서, 오빠도 대단히 관심이 있었습니다. 싱가포르의 번영을 보고 '어떻게든 이것을 우리나라에 가지고 올 수 없는가' 라고.

사토무라 음.

김여정 수호령 작은 나라죠. 작은 나라가 경제적으로 대단히 번영했으니까요. 만일 자금이 들어오면 싱가포르식의 번영을 만드는 것 자체는……. 뭐, 일단 국교가 있으므로, 싱가포르 등의 협력도 얻는다면 그처럼 번영한 도시로 바꾸는 것은 가능하다고는 생각하고 있습니다.
 그러므로 역시 우리가 익숙하지 않은 외교 부분을 어떻게 해서라도 숙련된 것으로 바꾸어 가지 않으면 안 되겠다고 생각하고 있습니다.

오이카와 즉, 국가 시스템으로서 새로운 모델을 찾고 있다는 것입니까?

김여정 수호령 그렇습니다. 그렇습니다.

오이카와 싱가포르도 하나의 모델이군요?

김여정 수호령 그렇지요. '작아도 번영할 수 있다' 는.

오이카와 사회주의적이기도 하고요.

김여정 수호령 맞아요, 맞아. 작아도 번영할 수 있고, 독재적이라도 번영할 수 있는 패턴이니까요. 말레이시아도 그럴지 모르지만요.

사토무라 예.

김여정 수호령 그래도 대국을 흉내 내기는 좀 어렵지만, 뭐, 어느 정도 굶주리지 않은 국민이 되면, 여러 가지 것, 권리가 증가하는 것은 당연하다고 봅니다.
 북조선만 보면 지식양도 높낮이의 차이는 상당히 있고, 경제력도 위에서 아래까지 차이가 있죠. 올케(이설주 씨)도 패션 선도자로서 국민에게서 동경 받는 존재지만, 동시에 그런 명품을 가진 것에 대해 일반 국민으로부터 질투도 또 받고 있으니까요.

사토무라 응.

김여정 수호령 이것을 능숙히 통제하지 못하면, 프랑스 혁명처럼 되는 사태도 충분히 있을 수 있다고 생각하고 있습니다.

일본의 메이지 유신으로부터 배워서 개국하는 방법에 대하여

아야오리 그런 지원을 하는 한 가지 조건으로서는, 조금 전에도 좀 이야기에 나온 강제수용소를, 뭐, 여러 수용소가 있습니다만, 역시 여기서 국민을 해방하지 않는 한에는, 소위 서방 국가에서의 지원은 어렵다고 생각합니다. 이에 대해서는 어떻게 생각하십니까?

김여정 수호령 이것은 일본의 '메이지 유신'에서 배울 수밖에 없을지도 모르지만, '개국하는 방법'이죠. '어떻게 개국할 것인가'가 어려운 곳이죠.

아야오리 예.

김여정 수호령 뭐, 한정적으로, 조건을 조율할 수 있었던 곳은, 자유롭게 왕래한다든지, 경제적인 거래 등을 할 수 있는 형태로 조금씩 열어갈 수밖에 없겠다고는 생각하고 있지만요. '전부 국제적인 글로벌 스탠더드로 하겠다'는 것은, 지금은 체력적으로는 조금 무리라고 생각합니다.

사토무라 재차 질문해서 황송합니다만, 체력적인 부분과, 역시 또 하나는 국내의 북한 보수파의 반발도 있기 때문이지요?

김여정 수호령 물론, 그렇습니다.

사토무라 여정 씨의 수호령님으로서는 '장래를 보고, 강제수용소를 없애고 싶다'라고 생각하고 계십니까?

김여정 수호령 음, 역시 일당 독재의 어려움, 뭐, 이것은 아마 중국도 같은 문제를 갖고 있다고 생각합니다만, 일당 독재에는 역시 무리는 있죠. 사람의 의견은 다양하므로 여러 그룹이 생기는 것은 당연하죠. 그룹이 생기면 싸움만 하므로, 효율은 대단히 낮아 보여요.
 일당독재형의 체재는 사회주의적으로 계획경제가 성공할 때는 잘 되지만, 그것이 잘 안 돌아갈 때는 지혜가 부족해져서, 더 다른 지혜를 각각 가지고 모이지 않으면 잘 안 되게 됩니다. 우리도 유럽 경험이 있으니까요. 유럽의 나라를 다소 보고 왔으므로, 전혀 무지한 것은 아니니까요. 이번에도 싱가포르에 가서 '역시 좋구나'라고는 느꼈어요.

6. 회담의 본질은 북한의 '개혁실행 주체의 보전'

김정은 씨와는 경제번영 모델 단계 시행에 대해 상의하고 있다

김여정 수호령 그렇기에 우선은, 예를 들면, 싱가포르라면 싱가포르형 정치•경제 컨설턴트와 같은 것을 도입하여 그 의견을 받아들이면서 나라를 개혁해 간다든지 말이죠. 이런 식으로 하면 지배당하는 수준까지는 아직 가지 않으니까요.

아야오리 그것은 부분적으로 메이지 유신 방식이라는 것이 되네요.

김여정 수호령 그래요, 그래, 그래, 맞아요. 뭐, 네덜란드에 해당하는지 아닌지는 모르겠습니다만.
다만, 그렇게는 말해도 처음에 말한 CVID 입니까?

사토무라 예.

김여정 수호령 즉각 전부 한다는, 완전하고 검증 가능한 불가역적인 비핵화?

사토무라 예.

김여정 수호령 뭐, 너무 어려운 말이지만요. (웃음) 그것은 유감이지만, 체제가 반드시 일거에 붕괴하게 됩니다. '그렇게 되면 누가 뒤를 맡는가' 라는 문제가 되죠. 죄수에게 전부 시킨다는 식으로는 되지 않다고 생각해요.

사토무라 지금 대단히 머리가 좋은 면을 알 수 있는 답을 하셨다고 생각합니다만……

김여정 수호령 감사합니다. 만일 부인 자리가 비면, 부디 부탁합니다.

사토무라 아이고, 그러니까, 저……, 아니, 아니, 아니, 아니, 아니. '잘 부탁합니다'라고 말할 것처럼 되어 버렸습니다. (쓴 웃음) (회장 웃음)

김여정 수호령 아하하. (웃음) 아직 젊으니까요.

사토무라 아니, 실언입니다.
 그러니까, 예를 들면, 북한 국민의 식량 사정을 개선하거나 민주화, 혹은 강제수용소의 폐지 등을 단계적으로 시간을 들이면서 하고, 싱가포르처럼 작아도 번영할 수 있는 국가를 목표로 하는 생각이시라고 받아들여도 좋겠는지요?

김여정 수호령 응, 응. 나라 전체까지 가지 않을지도 모르지만, 먼저 평양이라면 평양, 혹은, 다른 어딘가를 모델로 하여 새로운 스타일로 해 보고, 얼마만큼 전체가 좋아지는지를 제대로 국민에게 보여준다. '이런 식으로 하면 이렇게 되는구나'라는 것을 보여주고, 차츰 그것을 퍼뜨려 간다는 스타일 쪽이 체제로서는 안정된다고는 생각하고 있습니다.

사토무라 그런 생각을 지금 현재, 실제로 김정은 위원장님과도 이야기하고 계십니까, 장래 전망까지 포함해서?

김여정 수호령 예, 하고 있어요. 그것은 하고 있습니다.

사토무라 오호. 그래서 위원장님의 의견은 어떠신지요?

김여정 수호령 음……. 뭐, 정권 최종책임자이니까요. 좀처럼 어렵다고는 생각되네요. 역시 어느 정도 명분을 세우지 않으면 존경을 얻을 수 없어서 어렵지만요.
 뭐, 평양 시내에 메기 양식장을 만들 정도로는, 유감이지만 싱가포르의 번영은 오지 않는다는 정도는 실제로 알고 있습니다. 그런 걸 가지고는 안 된다는 것은 알고 있다고 봅니다. 좀 더 없으면.

서울을 길동무로 삼으면 주변 3000만 명에게 피해가 나온다

오이카와 이번 북미 회담, 그 전의 남북정상회담 정보의 대부분은 국민에게 공개되고 있지요? 비핵화에 대한 것이라든지, 어제 공동 성명 내용을 이미 국민에게도 보여주었습니다만, 이것은 지금까지는 있을 수 없었던 일입니다. 역시 그것은 모두 김여정 씨의…….

김여정 수호령 아니, 아니! 물론, 일단 오빠의 판단이 있고 나서의 것입니다만.

 우리는 스위스에서 몇 년인가 생활한 적이 있는 사람으로서, 구미형 번영을 알고 있죠. 다만, 이 나라 자체는 전체로서 무겁고, 지식적으로 그것을 흉내 낼 수 있다고는 생각되지 않은 사람이 상당히 많죠. 그러므로 작년까지는 핵 개발로 국방을 중심으로 하고 있었는데요.

 뭐, 실질상, 만일 이대로 진행하면 어떻게 되는가 하는 것입니다만, 이길 수는 없다는 것은 알고 있죠. 구 일본군처럼 만세 돌격해서 옥쇄하는 것으로는요. '반격하겠다' 라는 것이 전부가 되어서 '서울을 길동무로 삼겠다' 라는 부분일까요, 기껏해야?

 '미국이 총공격하는 것은 좋지만, 적어도 서울은 길동무로 삼겠다' 고.

 이번 회담에서는, 뭐, 트럼프 씨는 서울의 피해는 10만 명쯤이라고 생각하던 것 같습니다만 '실제는 그런 것이 아니죠. 총공격을 가하면 서울과 그 주변도 합치면 2800 만부터 3000 만 정도는 피해가 나와요' 라는 곳을 말씀드렸더니 '아, 그렇게 나오는가? 10 만 명쯤이라고 생각했지만, 만일 3000 만 가까운 사람에게 피해가 나온다는 것이라면 이것은 큰일이구나' 라고.

그러므로 미국으로부터 공격을 받았을 때는, 이미 우리는 미국에 이길 생각은 하지 않고, 미국의 동맹국을 길동무로 삼음으로써 미국에 망신을 주고, 패권국가로서의 명예를 실추시킨다는 작전뿐이죠. 나라는 어차피 망할 것이기에, 그렇다면 '서울을 박살 내겠다' 라는 것이라면 할 수 있습니다.

서울이라면 1 시간 이내에 거의 괴멸적인 상태까지 가져가는 것은 가능하며, 아마 미국은 그것을 막을 수는 없다고 추정합니다. 그 대신 우리도 전멸합니다.

다만, 그것이 '인류의 미래로서 행복한가 아닌가' 라는 판단을 한다면, 역시 '행복하지 않다' 라는 판단은 나오죠.

사토무라 아하!

오이카와 그렇다는 것은 '개국을 목표로 하고 있다' 라는 것이겠군요.

김여정 수호령 예. 잘 개국하고 싶으므로, 그 부분은 일본의 지혜 등도 받을 수 있으면 고맙겠다고 생각하고 있습니다.

이것은 시간 벌기가 아니라 선군정치의 종말

오이카와 앞에서도 살짝 나왔는데, 개국을 목표로 한다는 것은, 저항세력이, 군부와 당의 간부로부터도 나올 것이고, 이미 동요하고 있다는 이야기도 나와 있습니다만.

김여정 수호령 아, 그건 나올 것입니다.

오이카와 그렇게 되면 김정은 위원장의 입장이라든가, 김여정 씨 자신도 공격 대상이 되는 것이 아닐까 생각합니다.

김여정 수호령 그렇기에 트럼프 씨에게 그것을 말했죠. '즉시 전부 해라' 라고 어려운 교섭을 해왔지만, '아니, 그것을 하면 우리도 지탱하지 못하므로, 개혁을 실행하는 주체가 없어지는데 그래도 좋습니까' 라고 했더니, 트럼프 씨는 일단 이해해 주었죠. '그렇다면 알았다' 라고.

사토무라 아하…….

김여정 수호령 그렇기에 '단계적이다' 라는 말을 넣을 수는 없지만, 의미는 알았다고. 그런 것을 그는 알아줘서…….

사토무라 거기까지의 이야기는 어제…….

김여정 수호령 예, 그것은 알아주었습니다.

사토무라 아, 그렇습니까?

김여정 수호령 실제로 단계적으로 하지 않으면 군부의 폭발을 막을 수 없다는 것은 이해해 주었습니다.
 그러므로 군사적으로 조금 후퇴함으로써 뭔가 더 좋은 것……, 경제적 이익이나 생활이 좋아지는 모습이나, 지식적으로 풍부해지는 모습이라든지, 그런 것으로 '이쪽이 좋다'라는 것을 국민에게 보여주지 않으면, 역시 좀처럼 납득하지 못하고, 군부도 납득하지 않죠.

사토무라 과연.

김여정 수호령 '선군정치의 종말'이에요, 이것. 어떤 의미에서 말이죠.

사토무라 우리가 본다면 단계적인 방향으로 이야기가 진행하는 곳을 보고 '북한이 평소처럼 시간 벌기를 하고 있다'라는 우려를 하고 있었습니다만.

김여정 수호령 아니, 그런 일은 없어요. 그런 일은 없죠.

사토무라 그렇지 않다고?

김여정 수호령 일단, 우리는 젊으니까요. 어쩌다가 아버지가 돌아가셔서……. 저 연령이라면 이제 좀 무리라고 생각됩니다만, 이미 완전히 보수화하여 지금까지 해왔던 대로 계속하겠다는 식으로 하고 있었겠지만, 우리는 그저 30과 34 정도의 나이이므로, 아직 머리가 그렇게 딱딱하지 않습니다.

 새로운 체제로 바꾸기 위해서는 어떻게 하면 좋겠냐는 것에 대해서는, 유럽 등을 보고 왔습니다. 유럽 쪽에서 구 소연방에 의해 점령되던 동유럽 쪽이 해방된 역사를 공부해 왔으니까요.

 그러므로 어떤 식으로 될 것이냐 자체는 다소 시뮬레이션을 할 수 있습니다.

아야오리 여정 씨의 그런 생각은 죽 이전부터 가지고 계셨습니까? 김정은 위원장님이 미사일 실험이나 핵 실험 등을 할 때도, 곁에서 '장래에는 이런 움직임을 하고 싶다'라는 식으로 생각하고 계셨습니까?

김여정 수호령 음, 뭐, 조금만이지만요.

 하지만 핵무기 개발은……, 뭐, 나도 북조선의 대학이지만, 일단 물리학을 전공했으므로 핵은 알죠. 나 자신도 알죠. 기술자와도 대화할 수 있는 수준까지는 갔으므로, 압니다만.

 일단, 원폭, 수폭의 개발을 진척시켰는데, 요컨대 핵을 가지고 있는가 아닌가에 의해 교섭 카드로서는 상당히 차이가 있죠. 거기까지 가지 않으면 대등한 교섭을 할 수 없다고 생각하고 있었으니까요 . 작년에 아주 서두르던 것은, 일단 '핵보유국으로서 인정시킴으로써 교섭한다' 라는 것을 위해서죠 . 그러므로 오빠 쪽은, 개발해서 미사일을 쏘면서, 도중에 전환하는 데까지는 작년부터 이미 상정하고는 있었죠 .

아야오리 아……. 그것은 김 위원장님도 그런 상정을 하고 있었던 셈이네요 ?

김여정 수호령 응. 그러므로, 요컨대 '핵이 완성되어 핵 공격을 할 수 있는 태세가 되었다' 라는 단계가 되면 교섭을 할 수 있다고 .

사토무라 과연 .

김여정 수호령 '미국과 직접 교섭이 목표' 라는 것을 이미 작년 단계에서 생각하고 있었죠 .

트럼프 대통령이 젊은 김정은 씨에 대해 가진 인상이란

사토무라 할아버님인 김일성 때부터 왜 핵을 개발하고 있었는가 하면 '미국과 대등하게 교섭하기 위해서다' 라는 명확한

의도가 있었다는 것입니다만, 3대에 걸쳐 그대로 해온 셈이 네요.

김여정 수호령 예.

사토무라 게다가 올해 신년부터 갑자기 이야기가 달라졌습니다.

김여정 수호령 네, 네.

사토무라 김정은 위원장님이 극적으로 바뀐 상징으로서 평창에 여정 씨가 가신 것이 있습니다.

김여정 수호령 그렇습니다.

사토무라 그것은 그와 같은 그랜드 디자인 아래 행동을 시작하셨다고 이해해도 좋겠습니까?

김여정 수호령 예, 그렇습니다.
 역시 트럼프 씨 자신은, 자기가 경영자로서 젊었을 때 힘들었던 것을 알고 있으므로, 오빠가 젊은 것을 보고, 작다고는 해도 일국의 지도자는 상당히 힘들겠다고. 이제 7년 정도는 해왔으니까, 나라를 이끄는 것만으로도 힘들겠고 인정해 주셨다는 면이 있습니다.

그리고 나도 어느 정도 하고 있으므로 '여성을 사용할 수 있는 국가' 라는 면은 플러스의 평가죠. 뭐, 우수한 젊은 여성을 트럼프 씨는 아주 좋아하니까요.

(북미 정상회담에서) 점심 회는 간단한 것이었습니다만. 워킹 런치(working lunch) 입니까?

사토무라 예.

김여정 수호령 뭐, 간단한 것이었습니다만, 우리의 모습을 보고 '미국적인 것이 가능하다' 라는 인상을 받은 것이 아닐까 생각하고 있습니다.

사토무라 아하…….

김여정 수호령 그런 의미에서 (트럼프가) 오빠를 꼭 미국에 한 번 데리고 가고 싶다고 생각하는 것이겠지만요.

7. 김여정 씨 수호령이 가진 종교관의 실상

'종교의 자유'를 어떻게 생각하고 있는가

오이카와 앞에서도 이야기가 있었습니다만, 두 분 다 어릴 때 유럽을 경험하셨지요.

김여정 수호령 네, 네, 네.

오이카와 유럽에서는 아마도 종교에 접하셨다고 생각됩니다만.

김여정 수호령 아, 네, 그렇습니다.

오이카와 앞으로의 국가 모델로서 '종교의 자유'는 어떻게 생각하십니까?

김여정 수호령 음……. 뭐, 저류에는 유교가 있고, 불교도 들어가고, 남조선에서는 기독교도 왕성해서, 그 흐름으로 북조선에도 조금 기독교적인 것도 들어와 있으므로, 그런 소수의, 들어온 사람들이 탄압당하거나 숙청되거나 한다는 것에 대한 인권문제는 나와 있다고 생각합니다만.

뭐, 무역의 자유만으로도 이렇게 힘든 곳이므로 '신교(信敎)의 자유'를 전면 개방하는 것은 아마도 그리 간단한 일은 아니라고 생각합니다. 이 부분은 역시 똑같이 잘 생각하면서 해 나가지 않으면 어렵죠.

오이카와 시간을 들여서 단계적으로…….

김여정 수호령 종교와 제국주의는 함께 오는 일이 많으니까요. 그 나라를 제국주의적으로 침략할 목적과 종교가 일체화하는 일이 많으므로, 여기는 좀 잘 생각해 가고 싶습니다.

오이카와 지금 이쪽에 와 주신 것은 여정 씨의 수호령님이십니다만, 실제로 지상에 있는 김여정 씨는 하느님을 믿습니까?

김여정 수호령 음……. 뭐, 하느님을 어떻게 정의할지는 모르겠습니다만, 요컨대 조물주와 같은, 구미의 일신교와 같은 신이라는 것이라면, 북조선에는 명확한 것은 없습니다.
 다만, 일본적인 의미에서의 하느님이라면 우리는 믿을 수 있습니다.

오이카와 아하.

김여정 수호령 여러 하느님이 계시지 않습니까, 일본에? '과거에 훌륭한 분들'이라는 의미인데, 그런 의미에서의 하느님이라면 우리는 받아들일 수 있다고 생각합니다.

일본과 영적인 인연에 대하여

아야오리 어쩌면 일본에도 인연이 있다는 것입니까?

김여정 수호령 음……, 뭐, 그것은 그렇지요. 뭐, 있다…….

아야오리 오…….

김여정 수호령 없다는 것은 없죠.

아야오리 과연. 그것은 '수호령 씨 자신이 일본에 태어난 과거세를 가지고 있다' 라는 것입니까?

김여정 수호령 뭐……, 지금 단계에서 그런 말을 하면 '일본 문화에 의해 완전히 접수당했다' 라고 말해질 뿐이므로, 좀 말할 수는 없지만요. 과거, 조선반도가 좀 더 일본과 교류가 있던 시대도 있었으므로 '그럴 때 나도 관계가 있었던 적은 있다' 라는 것은 말할 수 있습니다.

아야오리 과연. 그러면 양쪽에 태어나 계셨다는 것입니까?

김여정 수호령 응, 그렇죠.

 뭐, 어머니는 반은 일본인 같았으므로, 일본문화는 많이 들어와 있죠. 그렇다고 할까, 오사카 문화와 같은 것도 들어와 있으니까요.

사토무라 그러네요. (김여정 씨 어머니는) 오사카에 계셨죠.

김여정 수호령 사고방식 자체는 대단히 이해가 됩니다. 일본인의 사고방식은 잘 압니다.

8. 트럼프 대통령의 대중포위 구상에
   올라타는 조건

'남북통일' 을 제안하는 문재인 대통령을 어떻게 보고 있는가

사토무라 지금, 영계 사정의 이야기에도 조금 언급했지만, 이 세상의 사정에 관한 이야기로 되돌린다면, 오늘 말씀하지 않은 가운데, 또 하나 중요한 것으로서 한국이 있습니다.
 지상의 문재인 대통령 자신도 그 수호령도 '남북통일' 을 말하고 있습니다만 이 통일 문제에 대해서 어떻게 생각하십니까?

김여정 수호령 음, 뭐, 비원이라고 하면 비원이지만, 문재인 씨가 '남조선의 경제력으로 북조선을 매수하자, 매입하자' 라는 식으로 생각한다면, 그것은 잘 생각하면서 해야겠다고 고려하고 있습니다. 경제의, 돈을 써서 우위에 서서 북조선을 노예계급에 집어넣으려고 하는 식으로 온다면, 그것은 일단 주의하지 않으면 안 된다고 생각하고 있습니다.

사토무라 과연.

김여정 수호령 역시 어디까지나 그렇게는 되지 않으니까요.

그것이라면 다른 외국과도 관계를 유지하면서 남조선과도 다가가지도 않고 멀어지지도 않으면서 사이좋게 지내며, 거리를 두어도 될 정도의 관계는 가져 두지 않으면 안 되겠다고 생각하고 있습니다.

사토무라 과연.

트럼프 대통령의 구상을 이렇게 읽고 있다

사토무라 그렇게 되면 이것은 일본에 있어서도 전략적으로 대단히 중요한 문제이므로 여쭙고 싶습니다만, 우리로서는 남북통일, 혹은 융화가 진행하면 중국의 영향도 한반도에서 강해질 것으로 생각하고 있습니다.
　그리고 주한미군이 축소 내지는 철수하게 되면, 실제로 38선에 있던 일본에서의 국방 혹은 안전보장의 최전선이, 대마도 해협에까지 물러난다는 것도 상정하여, 일본으로서는 대비해야 한다고도 생각합니다만, 오늘 여정 님 수호령님의 이야기를 듣고 전혀 다른 미래가 열릴 것으로 믿어도 좋겠습니까?

김여정 수호령 응. 그러므로 그것을 어제 (북미 정상회담에서) 이야기하고 있었죠.

완전히, 조금 옛날의 '중국 앞잡이 노릇을 하는' 형태로 조선 반도가 전부 그렇게 되면, 일본에 대한 위협이 되는 것은 확실하죠.

하지만 트럼프 씨가 '바람구멍'을 직접 뚫고, 북조선과도 바이패스(BY-PASS, 우회도로)를 열고, 남조선과 똑같은 식으로 해서 동질화하여, 요컨대 '미국과 일본과의 관계와 똑같은 수준까지 동맹 관계를 퍼뜨려 가자'라고. 트럼프 씨의 생각은 그런 것이죠.

중국 쪽의 독재 부분이 남아있으므로, 남조선처럼 북조선까지 미국과의 동맹 관계에 편입하여, 여기 부분을 조금씩 '엷게 썰면서' 후퇴시켜 가려고 생각하고 있죠. 이제 중국 문제까지 트럼프 씨의 머리에는 들어있다고 생각합니다.

그런 의미에서는 중국이 북조선을, 중국을 보호하기 위한 방파제라고 생각하던 단계에서부터, 이번에는 미국과의 동맹 쪽으로 '전환'시키려고 하고 있죠.

사토무라 아하.

김여정 수호령 그렇기에 (트럼프 씨는) 기자단 질문에 대해서는, 캐나다의 트뤼도 수상처럼 바보 취급하다가 '악인이라고 말해지는 김정은을 머리가 좋다는 등으로 말하며 치켜세우거나 하는 것은 이상하지 않나'라는 질문을 받거나 했죠. 확실히 이상한 셈이지만, 전략적으로는 '장래에는 의미가 있다'라는 생각이죠.

아야오리 그것은 여정 씨도 'OK' 입니까?

김여정 수호령 음…….

아야오리 미국과 어느 정도의 동맹 관계 같은 것은 허용할 수 있습니까?

김여정 수호령 아니, 미국이 서부의 총잡이 식으로 그냥 들어와서 권총을 쏴댄다는 스타일이라면 좀 사귀기 어렵지만, 좀 더 일본인과 같은, 뭐라고 할까, 한 번 완화한 느낌? 일본을 거쳐오는 것 같은 느낌의, 좀 더 평화로운 나라의 번영을 지향하는 식으로 들어와 준다면, 잘 될 수 있는 느낌은 들죠.

아야오리 과연.

오이카와 여기까지 이야기를 듣자니, 일본적인 것에 대해 대단히 친화성을 가지고 계셔서…….

김여정 수호령 예, 가지고 있죠.

오이카와 '원래 그 과거세도' 라는 것으로…….

김여정 수호령 음, 그것은 일본의 온천 등에 더 갈 수 있게 되면 좋겠다고 바라고 있죠.

오이카와 과연.

김여정 수호령 정말로.

김여정 씨가 인생의 사명으로서 생각하는 것

오이카와 그렇게 되면 금생의 김여정 씨 사명이라고 합니까, 최종적으로 북한에서 무엇을 완수하기 위해 지상에 태어나셨습니까?

김여정 수호령 북조선이라는 나라로 말하면, 나도 오빠도, 외국이나 적대하는 나라에서 본다면 악마처럼 말해질 것으로는 생각합니다만, 국내에서 보면 일본의 옛날 신들과 같은 존재죠.(웃음) 그런 의미에서 국민의 책임을 짊어진 사람입니다.

오이카와 음.

'북한의 "봉건제" 는 이윽고 무너진다'

아야오리 지금까지 수록된 여러 북한 관계의 영언에 의하면,
초대 최고지도자 김일성 씨, 그리고 2 대째 김정일 씨는 지옥
의 악마가 되어 북한을 지도하고 있다는 것이 밝혀졌습니다.

김여정 수호령 뭐, 그런 것 같네요. 그렇게 들었습니다만.

아야오리 예. 다만, 실제로 여정 씨의 수호령님과 대화하는
한에서는, 그들과 이어졌다는 분위기가 별로 느껴지지 않았
습니다만, 그런 것입니까?

김여정 수호령 음, 뭐, 모두 국제정치의 결과니까요.
 그러므로 초대도 창시자와 같은 '건국의 아버지' 가 되어있기
는 하죠. 이에 대해서는 표면상은 배반할 수 없죠. 김 일족
으로서는 배반할 수 없다고 생각하지만, '바쿠후' 가 무너질
때는 무너지니까요. 그것은 어쩔 수 없다고 생각합니다.
 그러므로 역시 러시아가……. 러시아라고 할까, 구소련이 강
했을 때 (북한은) 구소련의 괴뢰정권으로서 세워진 것은 명확
하죠. 그 부분의 사정은 우리도 알고는 있으니까요.
 뭐, '바쿠후' 가 바뀔 때는 어쩔 수 없는 것이 아니냐고. 지
금은 '건국의 아버지' 로서 그 이상의 권위는 없는 것으로 되
어있지만, 이것이 개국할 때 무너질 가능성은 있다고 생각합
니다.

아야오리 김정은 위원장님에 대한 1 대째, 2 대째의 영적인 영향은, 지금은 없어졌습니까?

김여정 수호령 음, 뭐, 아버지한테서는 귀여움을 받았지만요. 귀여움을 받았으므로 그것은 감수하기 힘들다고는 생각합니다만······.

 그것은 행복의 과학이 '(김정일은) 지옥에 떨어졌다' 라고 말씀하시므로 그럴지도 모른다고는 생각하지만요.

 우리 젊은 세대에 대해서는 좀 더 유연한 면도 있고, 남조선의 젊은 여배우나 K-POP, 여러 가지로 동경하는 것은 있고요.

 일반 인민 쪽은 팝송 등은 금지되고 있지만, 우리 상층부는 따로 아무런 비난은 없으니까요. 실은, 좋아하는 것을 듣고 보는 상태이므로, 어느덧······.

 뭐, 봉건제죠, 이건 말이죠. 옛날의 일본에서 말하면.

사토무라 예.

김여정 수호령 (봉건제와) 같은 것이므로, 어느덧 이것은 무너지겠지만, 어떤 형태로 그것을 무너뜨려서 이행할 것이냐는 매우 어려운 면이겠지요.

김정은 씨에게 만일의 일이 있을 때, 우두머리에 서는가

사토무라 생전에 아버님인 김정일 씨는 '정치적 지도자로서는 딸 쪽이 소질이 있다' 라고까지 말씀하셨다는 이야기도 있습니다.
 예를 들면, 김정은 위원장님이 병이 들거나, 국외세력 내지는 국내세력으로부터 암살당하는 등, 만일의 일이 있을 때, 그다음에 우두머리가 되는 것은 여정 씨입니까?

김여정 수호령 아, 그건 모릅니다.
 오빠의 통풍은 (웃음), 죽을 만한 병입니까, 저건?

사토무라 점점 나빠지면 합병증으로 신장의 병이 될 수도 있습니다.

김여정 수호령 꼴깍 세상을 떠나게 된다면 저것입니다만.

사토무라 바로 세상을 떠나지는 않겠지만요.

김여정 수호령 당신께서도 아직 살아 계시는 것을 보면 아직 30년 정도는 살 가능성은……

사토무라 나는 극복했습니다. (웃음)

김여정 수호령 아. 뭐, 그런 일도 있고.

 만일 군부의 쿠데타로 죽임을 당할 경우라면, 나도 함께 죽임을 당할 가능성도 없다고는 할 수 없으니까요.

 그러므로 오빠가 죽으면 내가 우두머리가 된다고는 할 수 없죠. 함께 죽을지도 모르므로 그것은 보증할 수는 없습니다.

 뭐, 트럼프 씨가 '강경책'으로 나서지 않았던 데에 대해 일본 매스컴 등은 불만스러울 것으로 생각됩니다만, 그것을 하면 우리가 개혁자로서는 이제 움직일 수 없게 되니까요. 그런 것은 어느 정도는 이해해 주시지 않으면 어쩔 수 없습니다.

9. 김여정 씨 수호령이 일본에 기대하는 내용

'북한의 체제보증' 이 의미하는 놀랄만한 내용

오이카와 '미국이 북한 체제를 보증하고 , 어떤 의미에서는 김정은 위원장을 국내세력으로부터 지킨다' 라는 이야기입니다만 , 실제로는 어떤 형태로 지키는 것입니까 ?

김여정 수호령 아니 , 그러므로 '만일 군부가 봉기하여 김 일족을 모두 화형에 처한다든지 총살한다든지 하는 상태가 되면 해병대가 들어와서 구출하러 온다' 라는 것이죠 .

오이카와 과연 . 할리우드 영화의 '람보' 와 같군요 .

김여정 수호령 그런 것이죠 . '예상되는 정반대의 일이 일어난다' 라는 것입니다 .
 어제 (북미 정상회담에서) 말한 것은 그런 것이며 , 'SF 영화로 생각하겠지만' 이라고 했던 것은 거기까지 들어가 있는 것이죠 .

사토무라 확실히 판타지네요 .

김여정 수호령 거기까지 들어가 있으므로, 해병대가 우리를 구출하러 올 것 같은 일도 없다고는 할 수 없다는 것이죠.

사토무라 아하······.

김여정 수호령 아니, 그만큼 어려운 상황이죠, 역시.

사토무라 거기까지의 내용을 들어보면, 어제 당사자인 두 분인 트럼프 대통령과 김정은 위원장님이 '역사적인 회담이었다'라고 말씀하신 것은 대단히 납득이 갑니다.

김여정 수호령 그렇습니다, 요컨대 정말 그렇다고 생각해요. 뭐, 댁의 샤쿠 당수는 용서해주지 않으리라고 생각합니다만.

사토무라 아니, 아니, 아니······.

김여정 수호령 우리를 교수형에 처하지 않으면 역시 용서해주지 않는다고 생각합니다만.

아야오리 아니, 아니. 오늘 이야기를 들은 느낌으로는 괜찮다고 생각합니다.

사토무라 우리는 처음부터 북한을 공격할 생각은 없었습니다.

김여정 수호령 이미 거리선전을 하신 게 아닙니까 ? '북조선 , 멸망시켜야 한다 !' 라고 .

오이카와 아니 , 아니 . (쓴웃음)

김여정 수호령 예 ?

사토무라 우리는 '북한 자체를 멸망시킨다' 등으로는 한마디도 하지 않았습니다 . 한 번도 말하지 않았습니다 .

김여정 수호령 아 , 그렇습니까 ?

사토무라 '북한 사람들이 행복해지면 좋겠다' 라고 죽 말하고 있습니다 .

오오카와 류우호오의 '무혈개성' 권고를 김정은 씨는 받아들여 주었다

김여정 수호령 아니 , 내가 오늘 여기에 와 있는 이유도 , 오오카와 선생님이 '북조선에 대해 방위를 해라' 라고 상당히 오랫동안 말씀하시는 것은 들었고 , 오빠의 수호령이 영언집으로 나온 것도 알고 있고 .

하지만, 단지 '공격해서 멸망시켜라' 라고 말하는 것은 아니고 '무혈개성 해라' 라고 말하고 계시죠.

아야오리 예.

김여정 수호령 '북조선은 무혈개성 하라' 라고 말씀하시죠. 그것을 오빠는 많이 받아들여 주었죠.

아야오리 아, 그렇습니까?

김여정 수호령 많이 받아들였죠.
그러므로 '일본의 위대한 종교가가 그것을 보증하려고 한다' 라는 식으로 받기는 받았으니까요.
그래서 '트럼프 씨와도 이어져 있다' 라는 것은 이해하고 있었으므로, 그것은 영향을 받은 것이죠, 제대로.

아야오리 그것으로 말하면, 조금 전에 '1 대째, 2 대째 북한 최고지도자가 사후에 악마가 되었다'라는 이야기도 있었는데, 어떤 의미로 김정은 위원장님에게도 종교적인 회심과 같은 것이 없으면 이런 전개는 되지 않는 것이 아닐까 생각했습니다.

김여정 수호령 젊으니까요, 유연하니까요.

아야오리 아, 그래서 바뀌었다는 것입니까?

김여정 수호령 유연하고, 기독교 사상도 유럽에서 조금 머릿속에 들었으니까요.

그러므로, 주체사상만이 전부가 아닌 것 정도는, 우리는 알고 있으니까요. (웃음)

아야오리 과연.

김여정 수호령 그리고 싱가포르 등을 보아도, 뭐, 싱가포르도 종교적이라고는 할 수 없을지도 모르지만, 경제만이라도 역시 저렇게 다가가게 하고 싶고요.

일본도 종교적이기도 하고 종교적이지 않은 면도 있고, 어느쪽이어도 되는 면이 있지 않습니까? 종교 국가라고 할 수 있는지 아닌지는 모르겠습니다. (종교는) 많이 있지만, 다만 종교가 없으면 반드시 지낼 수 없는 나라도 아니니까요.

아야오리 과연.

트럼프 대통령은 무혈개성의 방향으로 전환했다

아야오리 오오카와 총재가 첫머리 해설에서, 회담 때 트럼프 대통령의 지도령을 맡은 것은 노먼 빈센트 필 씨였다는 이야기도 있었습니다.

김여정 수호령 아, 그렇습니까? 그것은 좀처럼…….

아야오리 이것은, 김정은 씨에게 종교적인 회심이 있어서 '그런 방향으로 해가고 싶다' 라는 것이 북한 측에도 있다는 것입니까?

김여정 수호령 아니, 저것은, 뭐, 나이도 달랐으니까요. 트럼프 씨와는 정말 부모와 자녀 정도의 나이 차이가 나니까요. 그러므로 처음에 (트럼프 씨는) '보고 판단한다' 라고 하면서 '1분 만에 판단한다' 라든지 '5초 만에 판단한다' 라고 많이 말씀하셨지만, 보고 나서 '본격적으로 서로 치고받으면 안 되는 상대구나' 라는 것, 역시 헤비급과 그렇지 않은 사람과의 차이를 알았던 것이라고는 생각하죠. '이 녀석을 사용하여 어떻게든 나라를 좀 더 바꾸게 만들자' 라고 생각했던 것이라고 봅니다.
 그것을 '종교적이다' 라고 할지 아닐지는 모르겠습니다만, 그가 역시 '신의 대리인' 으로서 뭔가 사명과 같은 것을 가지고 있는 것은 느꼈습니다.

아야오리 예.

오이카와 지금 이야기에서 보면, 오오카와 류우호오 총재가 북한에 대해 '무혈개성' 이라고 해왔던 말이, 만일 김정은 씨에게 영향을 끼치고 있다면…….

김여정 수호령 아, 알고 있습니다. 나는 들었습니다.

오이카와 앞으로의 북한입니다만, 특히 국민도 포함하여 행복의 과학 오오카와 류우호오 총재의 사상이나 가르침 등이 들어갈 수는 있겠습니까?

김여정 수호령 있을 수 있습니다.

사토무라 과연.

김여정 수호령 있을 수 있습니다. 일본의 사상은 비교적 들어가기 쉽다고 생각합니다.

다만, 과거 그 점령 시대의 나쁜 기억을 열심히 되풀이하여 반일교육도 하고 있죠. 반미교육도 70년이나 하고 있는데, 반일교육도 하고 있으므로 역시 이 부분의 역사적 전환을 해야 한다고 생각합니다. 뭐, 아베 씨에게 거기까지 짊어질 만한 마음이 있으신지 아닌지는 조금 아직 알기 어렵지만요.

뭐, 미국은 북조선이 진지하게 바뀌려고 하는 것을……. 요컨대 트럼프 씨도 '무혈개성'의 방향으로 왔죠. 그러므로 쏘고, 싸우고, 이겨도 좋지만, 그것보다는 한 명도 죽지 않고 자기 쪽 그룹으로 편입할 수 있으면 '승리'니까요. 그렇게 생각하고 있고, 이쪽도 그것을 신용할 수 있을지 어떨지 하는 것을 어제 보고 있었습니다.

아야오리 과연.

김여정 수호령 그것은 1 대 1 의 회담으로 '신용하고 있다' 라는 곳에서 시작하여, 다음은 함께 식사하거나 걷거나 하면서 서양 사람과 하는 식으로 해왔죠. (트럼프 씨는) 캐나다에서 '싸움' 을 해서까지 이쪽 싱가포르를 우선해서 오신 것이니까요.

일본에 큰 그릇을 가진 지도자가 나와 준다면……

김여정 수호령 일본의 총리는, 아베 씨로서 그것을 할 수 있는지 아닌지는 좀 알기 어렵습니다. 거기까지 그가 잘 전환할 수 있는 사람인지 아닌지는 모르지만, 뭐, 그만큼 교섭의 달인이라든지 용량이 큰 분이 나와 주신다면 가능성은 있다고 생각합니다.

 그러므로 과거 (조선의 일본 통치 시대의) 36 년간의 지배도 포괄하면서, 장래를 전망할 수 있는 것으로 전부를 발전적으로 해소해 간다고 할까, 그런 형태로 가져갈 만큼 마음이 있는 사람이 일본 지도자로 나온다면, 그것은 어제의 싱가포르처럼 역사적인 회담이 되고, 일본의 적대 정책도 확 바뀌는 것은 가능합니다. 지금은 그 가능성이 나와 있죠, 상당히.

사토무라 과연. 큰 구상력을 가진 사람이 나오면 좋겠다는
것이군요?

김여정 수호령 만일 그런 정치가가 일본에 없으면 좀 힘들겠
지만요.

사토무라 예.

김여정 수호령 그러므로 정치가가 소용이 없으면, 종교가 쪽
에서부터 그런 의견을 발신해주면 좋겠다고 생각하고, 지금
와 있는 것입니다.

사토무라 • 아야오리 과연.

김여정 씨는 소련 붕괴 시의 고르바초프와 같은 지도자인가

사토무라 오늘 이야기를 듣고 생각했습니다만, 소련이 붕괴
를 향할 때, 고르바초프 대통령과 같은 분이 지도자로서 나
왔던 것처럼, 설마 북한에서도 이런 생각을 가지고 이야기가
통하는 분이 나온다고는 정말로 상상외였습니다.
 조금 전에 과거세 이야기도 나왔지만, 실제로 여러 사물의

시간축이나 공간축도 상당히 보이시는 것이 아닐까 생각합니다.

김여정 수호령 예, 예.

사토무라 역시 과거세에서 그런 정치가 경험 등도 하셨습니까?

김여정 수호령 아, 나 말입니까?

사토무라 예, 물론입니다.

김여정 수호령 (웃음)

사토무라 독자도, 혹은 이 영언을 본 분도, 정말로 '김여정 씨라는 분의 수호령이 거기까지 말씀하신다는 것은 대체 어떤 분인가' 라고 생각할지도 모르므로 여쭙고 싶습니다만.

김여정 수호령 (내가) 노동당 제 1 부부장으로 올라간 해가, 우리 아버지가 부부장이 된 해와 같습니다. 뭐, 그 정도일까요? 그러니까 이미 초고속으로, 맹렬한 속도로 지금 올라가고는 있습니다.

사토무라 예.

김여정 수호령 뭐, 올케 (김정은의 부인) 도 있기는 있지만, 실질상 내가 실무적인 곳을 상당한 부분까지 도맡아 하고는 있으므로, 앞으로 북조선의 변화에는, '설계도를 그리는' 데 에는 내 힘이 상당히 들어갈 것으로 생각합니다.

사토무라 과연.

김여정 수호령 과거세 운운에 대해서는, 뭐, 지금 단계에서 는 그리 깊이 파고들지 않는 쪽이 서로 좋은 것이 아닐까 생 각합니다. 예를 들면 '일본인으로 태어나서 이랬다' 라는 말 을 하면 북조선 국내에서의 신용도는 떨어지므로, 별로 말하 고 싶지 않습니다만.

사토무라 확실히 그런 면은 있을지도 모르겠습니다.

김여정 수호령 나 자신은, 좀 더 다양한 눈으로 세계를 볼 수 있는 상태입니다. 금생 한으로 보아도, 적어도 오사카를 통해서 일본은 알고 있고, 중립국 스위스를 통해서 유럽이나 미국을 보는 눈은 가지고 있으므로, 지금의 북조선이 바람직 하다고는 생각하지 않습니다.
 뭐, 일본의 메이지 유신으로 말하면 역시 '개국파' 에 가까 운 사고방식이라고 생각합니다.

사토무라 과연.

김여정 수호령 '양이파'가 아니라 '개국파' 죠. 그 개국을 완수하는 데도 얼마만큼의 노력이 필요한지를 지금 생각하고 계산하는 중입니다. 조금 아군의 수가 아직 적어요.

사토무라 아, 그렇군요.

김여정 수호령 그것을 알아주는 사람은 그렇게 많지 않죠. 그 부분을 조금 늘리지 않으면 어렵죠.

아야오리 어쩌면 반대로 한반도 내에 태어난 경험 중에서 밝힐 수 있는 부분이 있으시다고 생각했습니다만.

김여정 수호령 조선반도 내입니까?

아야오리 예.

김여정 수호령 조선반도 내에서는, 뭐, 말해도 그렇게 대단한 것은 아니라고는 생각합니다만……. (웃음)

아야오리 만일 뭔가 입장 상, 유리해지는 것이 있으면…….

김여정 수호령 아니, 아니, 그런 것은……. (웃음) 뭐, 오빠는 저것이죠? 고구려의 광개토대왕을 자칭하거나 하는 것이죠? 뭐, 기분은 그런 느낌이라고 생각하죠. 아마도 마음은.

아야오리 예.

김여정 수호령 마음으로는 그렇고, 이번에 그런 식으로 하고 싶을 것으로 생각합니다만, 북조선이 소멸하면 그렇게는 안 되겠지요. 이것은 알 수 없는 곳이기는 합니다만.
 나는, 음⋯⋯, 뭐, '북조선의 힐러리 클린턴' 과 같은 존재일까? 그런 느낌이 들지 않습니까?

아야오리 과연.

사토무라 속된 표현입니다만, 오빠 분에 대해서는 역시 신뢰, 친애의 마음을 가지고 계십니까?

김여정 수호령 '어차피 사나 죽으나 함께다' 라고 생각하고는 있으니까요.
 금생에서 오빠는 이제 암살을 죽 두려워하고 있습니다. 육친 이외⋯⋯, 육친도 위험하니까요. 권력욕을 가지고 있으면 육친이라도 경계해서 죽일 때도 있을 정도의, 봉건시대와 다름없는 것은 가지고 있습니다.
 뭐, 될 수 있는 한 신뢰를 받으면서 개혁을 진척시켜 갈 수 있게 되고 싶다고는 바라고 있습니다만, 실패하면 아마 '김 일족 몰살' 이 될 것이므로 그때는 '여러분, 안녕히 계세요' 입니다. 네.

사토무라 그런 의미에서는 여정 씨가 전면에 나오게 되고 나서 정말로 목숨을 내던져서 대응하고 계시다고 느끼고는 있습니다.

김정은 씨가 다른 방향으로 가면 어떻게 한다?

사토무라 그리고 정말로 질문하기가 힘든 것이기는 합니다만, 만일 김정은 위원장님이 지금의 여정 씨의 생각과 다른 방향으로 가거나, 반대하거나 할 때, 김 위원장님을 배제해서까지도 어떻게든 북한의 미래를 개척할 결심은 있으십니까?

김여정 수호령 음, 모르겠네요. 오빠에게는 보시는 대로 경호원이, 그렇죠?

사토무라 예.

김여정 수호령 남조선과 교류했을 때 (2018년 4월 27일에 판문점에서 개최된 남북정상회담)에 경호원이 자동차에 12명이나 붙어서 달리는 모습을 보면, 여러분도 분명 '믿을 수 없는 광경이다'라고 생각하고 껄껄 웃었던 것이 틀림없습니다만.

 정말이지 싱가포르의 도로는 달릴 수 없었던 것 같습니다만.

(웃음)

 오빠에게는 (경호원이) 붙어 있습니다만, 나에게는 거의 붙어 있지 않죠. 그러므로 암살한다면 나 쪽을 간단히 암살할 수 있습니다. 나 쪽이 먼저 암살당할 가능성도 없다고는 할 수 없습니다.

사토무라 음.

김여정 수호령 그리고 경호원도 지금의 '선군정치'로 세뇌되고 있으므로, 만일 '김정은이 국가를 배신해서 미 제국에 나부꼈다'라고 한다면 12 명이나 붙은 친위대에서도 한, 두 명이 오빠를 향해 권총을 겨누고 쏘는 일이 없다고는 할 수 없습니다. 어딘가에 후원자가 생기면 그런 일이 없다고는 할 수 없으니까요.

 아니, 이제부터 위험해지므로 대단히 신중하고 신중하게 진행해 가지 않으면 그리 간단히는‥‥‥.

 미국, 일본에서 보면, 점점 핵시설이 파괴되어서, 노동, 대포동, 모두 불태워져서 폐기되어 가면 기쁘겠지만, 그것은 우리가 언제 죽임을 당할지, 대단히 임박했다는 것도 뜻하죠. 나라가 좋아지는 것을 능숙하게 보여주면서, 전망을 보여주면서 하지 않는 한, 우리 김 일족도 일소 당할 가능성은 있습니다.

김정은 씨에 의한 대량숙청의 실정은 어떻게 되어 있는가

오이카와 국제사회에서 김정은 위원장의 평판이 대단히 나쁜 것은, 그 어두운 면으로서, 예를 들면 숙부인 장성택 씨나, 이복형인 김정남 씨를 숙청했다고 말해지는 것도 영향을 주고 있다고 생각됩니다. 조금 여쭤보기 어렵습니다만, 이 점에 대해서 뭔가 설명해 주실 수 있습니까?

김여정 수호령 음, 이복오빠 정남 씨 쪽에 대해서는 '중국이 저 사람을 괴뢰정권으로 세우려고 하고 있다' 라는 음모가 우리에게는 전해져 있었으니까요.

 그러므로, 괴뢰정권을 세워서 실력이 있는 사람을 일소하여 지배하려고 하는 데에 사용하려고 하는 게 아니겠냐는 면이 한편에는 있었으니까요.

 뭐, 직접 손을 댔다는 것은 아니지만, 역시 그런 특수경찰이라고 할까, 공안과 같은 사람들이 그런 것의 싹을 제거하려고 했던 면은 있었다고 생각합니다.

 그리고 숙부에 대해서는 미묘한 곳이지만, 긴 안목으로 보면 저쪽이 실권을 쥐었을 경우는 우리 쪽이 '지워졌을' 테니까요.

사토무라 확실히 그러네요.

김여정 수호령 이에 대해서는 여러 역사가 있는 대로이므로,

뭐, 어쩔 수 없죠.
 음, 국가의 주도권을 쥔다는 것은 힘든 일입니다. 시진핑 씨 조차 많은 사람을 숙청하셨을 테지만요.

아야오리 앞으로도 그런 일이 여러 가지로 일어날 것으로 생 각합니다.
 오늘, 이야기를 듣고 북한 국민에게 있어서도, 아시아에 있 어서도 대단히 훌륭한 미래라고 느꼈으므로, 열심히 해 주셨 으면 좋겠고, 응원하고 싶습니다.

김여정 수호령 미국보다도 일본이 의지할 만한 국가가 되어 준다면 기쁘기는 기쁩니다만. 더 가까우므로 유사시에 일본 이 받아들여 준다든지, 지원해 준다든지 하는 식으로 되면 아주 기쁘겠습니다만. 지금으로서는 '납치 가족을 돌려달라' 라고 밖에 말하지 않으니까요.

아야오리 과연, 그러네요.

김여정 수호령 (납치된) 대부분의 사람이 불행한 결과가 되 었으니까요.

아야오리 납치 문제 이외에는 일본을 향한 중거리 미사일이 나 단거리 미사일이 있는데, 이미 그런 위협은 하지 않겠다, 쏘지 않겠다는 약속 등이 있으면, 그것은 그것으로 또 새로운 관계가 생길 것으로 생각합니다.

김여정 수호령 뭐, 아베 씨는 조금, 음, 헌법 9조 개정에서 나라의 군사확장 등이 헛돌게 될지도 모르므로, 지금 붕 떠 있는 상태라고 생각합니다, 아마 그렇겠죠. 국제사회에서 붕 뜬 모습이죠. '북일 단독회담으로 어떻게든……' 이라고 생각할지도 모르지만, 국내 정국에서 상당히 약해지셨으니까요. 슬슬, 조금 다음 그릇을 가진 분이 필요한 시기가 왔다고는 생각합니다만.

이 영언은 정말로 신뢰할 수 있는가

사토무라 내가 드리는 마지막 질문입니다만, 오늘 어떤 의미로, 온 세계가 사고방식을 크게 바꾸는 계기가 되는 이야기를, 이 인터뷰로 받았습니다.
이것이 단지 김 정권의 시간 벌기에 이용당했다는 것이 아니고, 오늘 김여정 씨 수호령님의 이야기, 생각을 신뢰해도 좋다고, 이렇게 생각해도 좋겠습니까?

김여정 수호령 우리는 말이죠, 오빠나 트럼프 씨의 수호령 영언이라든지, 다른 것도 이미 읽었는데, 그 내용이 맞는다고 생각하고 있죠. 그대로니까요. 여러분이 말하는 것은 맞는다

고 생각하니까요 . 한 가지 마음을 의지할 곳으로써 , 국가를
어떻게 나아가게 해야 할지 , 생각하고 싶습니다 .

 나도 일본에 있으면 역시 북조선에 대한 방위 , 혹은 '개성 ,
개국해라' 라고 , 어느 쪽인가 말할 것으로는 생각하니까요 .

 오오카와 류우호오 총재는 그 부분은 대단히 오픈 하트인 느
낌이며 , 대단히 공명정대하게 보신다고 생각하죠 . 행복의 과
학이 어느 정도 잘 챙겨주는지는 모르겠습니다만 , 최후에 부
탁할 때도 있을지 모르므로 , 그때는 잘 부탁드리고 싶습니다 .

사토무라 예 . 잘 알겠습니다 .

아야오리 오늘은 수호령을 통해서 김여정 씨의 세계 유일 인
터뷰로서 , 귀중한 시간을 내주셔서 정말로 감사합니다 .

김여정 수호령 내가 지옥의 악마인지 아닌지는 그쪽의 판단
에 맡기겠습니다만 , 여러분의 말로 한다면 북조선에도 '빛의
천사' 는 한 , 두 사람은 있어도 좋은 것이 아니냐고 . (웃음)
그 속에 포함해 주시면 감사하겠습니다 .

사토무라 미래가 그렇게 되게끔 , 결과에서도 그렇게 되게끔 ,
우리도 기대하고 있고 , 또 뭔가 협력할 수 있는 것 , 북한의
미래 , 아시아의 미래를 위해 할 수 있는 것을 해가고 싶습니
다 .

김여정 수호령 응. 이 교단은 영언 등은 아주 공평하게 내주시므로, 객관적이고 공평하다고 생각하고 있습니다.
미국의 속셈도 잘 알고, 일본도 알고, 북조선의 생각도, 남조선의 생각도 잘 알므로, 아주 좋네요. 여기는 대단히 좋네요. 응. 일본의 CNN 과 같은 느낌일까요?

사토무라 예.

아야오리 세계에 전해 가겠습니다.

김여정 수호령 아, 발신해주셔서 고맙습니다.
우리는 개국을 지향할 터이므로, 반드시 지원해 주시면 감사하겠습니다.

사토무라 예. 잘 알았습니다.

김여정 수호령 예.

사토무라 부디 미래가 훌륭해지도록 지향하겠습니다.

김여정 수호령 예.

10. 이번 영언 분석과 소견

소견 1 : 거짓말은 아니겠지만, 북한 국내에서 허용되는가

오오카와 류우호오 (손을 2번 친다) 이야기를 해 본 느낌으로는, 확실히 오빠보다도 이분 쪽이 조금 머리가 좋은 것 같네요. 두뇌가 정말 명석합니다.

아야오리 확실히 보고 있네요.

오오카와 류우호오 두뇌가 명석하네요. 국제정세까지 보고 있습니다.
 영어, 독일어, 불어를 읽을 수 있다는 것도 사실일지도 모르겠네요.

아야오리 확실히 '상대의 처지에서도 볼 수 있다' 라는 면은 대단하네요.

오오카와 류우호오 보이는 것 같습니다. 서양에서도 여성 지도자를 할 수 있을 정도의 힘을 가진 분일지도 모르겠습니다.

아야오리 예.

오오카와 류우호오 다만, 군대 안에서 살아남을 수 있을지 아닐지는 모르겠습니다.

아야오리 확실히 불안정한 상태인 것은 틀림없는 셈입니다만.

오오카와 류우호오 여성이라는 것으로 잘 숨겨서 '그렇게 권력욕은 가지지 않았을 것이다' 라고 '여리게' 보이는 면이 안전패의 부분이며, 남성이라면 '제거당할' 가능성이 클지도 모르겠네요.
뭐, 그래도 말하던 생각은, 거짓말은 아니겠지요. 아마도 영언에서 말한 것과 같은 것을 (본인도) 생각하고 있다고는 봅니다. 다만, 북한의 국내 정세로서 허용될지 아닐지는 미묘한 곳이네요.
크게 바꾸어 가려고 하기에, 트럼프 대통령이 치켜세워주는 것도, 어느 정도 북한의 국내보도를 생각한 뒤에 말한 것이라고는 봅니다.

사토무라 그러네요.

오오카와 류우호오 이미 전략적으로는 중국 쪽을 뒤흔들기 시작하고 있다고 생각되므로, 트럼프 대통령이 '신의 대리인'

으로서 착실히 일을 해주시기를 기도하고 싶은 상황입니다만.

아야오리 과연. 오히려 이제부터는 중국에 대한 쪽이 초점으로서 강해지는 느낌일까요?

오오카와 류우호오 다만 '모은 달러'를 토해 내게 하면 중국도 순식간에 힘이 약해지기 때문에, 패권국가를 향한 꿈은 순식간에 무너집니다. 여기와 EU 양쪽을 뒤흔들고 있으므로, 이제부터 어떻게 될 것인지, 아직 예측을 불허하는 상황이지요.

 다만, 비무장화의 부분에서, 핵의 단계적 폐기를 시켜 감에 즈음하여, 북한 측이 '트럼프 대통령이 상대가 아니면 못한다' 등으로 말해 온다면, 반대로 트럼프 정권이 오래 유지되는 셈입니다.

 도리어 강세인 자를 신용할 수 있다는 면도 있을지 모르겠네요. 의회가 무슨 말을 하든, 본인이 '하겠다' 라고 말하면 할 것 같은 느낌이고, 말을 듣지 않는 사람은 자꾸 해고하니까요.

아야오리 예, 그러네요. (웃음)

오오카와 류우호오 이것이 어떤 의미에서 독재자니까요. 그런 기질에 대해서는 서로 통하는 면도 있는 걸까요?

 어쨌든 김여정 씨가 '북한의 실질상 넘버 2' 인 것은 명확하네요. 이 사람은 빠른 속도로 싹 올라오고 있으므로, 상당히 머리가 좋은 사람이라고 생각합니다. 텔레비전으로 보면서도 그렇게 느낍니다. 오빠의 부족한 면을 전부 보완하는 것이 아니겠습니까?

소견 2 : 트럼프 대통령 2기 8년의 가능성이 상당히 나타났다

오오카와 류우호오 오늘 아침에 (김여정 씨) 수호령과 조금 이야기했을 때, '(김정은 씨가 의견을) 듣는 것은 나뿐이다. 오빠는 나에게 "이것을 받아들여도 되겠는가, 안 되겠는가" 라고 묻고, 내가 "좋다"고 말하면 OK이고, "아니다"라고 말하면 아니라고 말한다' 라고 말하고 있었습니다.

아야오리 시나리오를 스스로 상당히 쓰고 있다는 인상이 있었습니다.

오오카와 류우호오 어떤 의미에서 이 영언이 국제 데뷔가 될지도 모르겠네요.

사토무라 예.

오오카와 류우호오 모든 것이 좋은 방향으로 가면 좋겠습니다.
 어제도 필 선생님이 영적 지도를 하고 있었다는 것이 조금 의외였습니다만, 음.

사토무라 아니, 이것은 이제 정말로 일어나고 있는 일의 표면만을 보기만 해서는 절대로 오늘 여기까지의 이야기는 알 수 없다고 생각합니다. 정말 놀랐습니다.

오오카와 류우호오 뭐, 일본의 매스컴은 알 턱이 없겠지요.

사토무라 이제 절대로……

오오카와 류우호오 절대로 모르겠지요.

아야오리 저도 몰랐습니다. (웃음)

오오카와 류우호오 그건 그렇겠지요. 당신 (의 수호령) 이 세게 죄어와서 곤란했을 정도이니까. 그건 아마 몰랐을 거예요.

아야오리 죄송합니다.

오오카와 류우호오 샤쿠 당수와 당신 (의 수호령) 으로부터

'이중 공격'을 받고 꼼짝 못 하게 단단히 죔을 당해서 이제 말할 수 없게 되었을 정도니까요, 네.

아야오리 (쓴웃음) 이번 영언으로 말끔해졌습니다.

오오카와 류우호오 예. 그렇다고는 해도 대항 세력이 크기 때문에, 이 영언대로 갈지 아닐지는 모르겠지만요.

아야오리 예. 그러네요.

오오카와 류우호오 다만 독재국가의 경우는, 전환할 수 있을 때는 할 수 있으므로, 수용할 사고방식을 갖는 것은 중요할지도 모르겠습니다.
 물론, 종교가로서는 평화리에 아시아의 평화가 담보된다면 고맙고, 트럼프 대통령으로서도 아직 이란이나 시리아 등의 문제도 대기하고 있으므로, 그다지 간단하지 않은 상황이기는 할 것입니다. 국내의 경제를 재건하면서, 동시에 국제분쟁을 불식하지 않으면 안 되는 것이겠지요. 이것은 크나큰 '중압'이라고 생각합니다.
 다만, 이번에 트럼프 대통령도 2기 8년을 할 수 있을 가능성이 상당히 농후해진 것이 아니겠습니까?

사토무라 예, 중간 선거를 향해서 성과가 올랐고요.

아야오리 북한의 비핵화에는 시간이 걸릴 테니까요 .

오오카와 류우호오 뭐 , 그건 그것으로 좋은 일이라고 생각
하죠 .
 이렇게 강한 사람은 즉결하기에 , 교섭 상대로서는 그쪽이 더
빠른 것은 빠르죠 .

앞으로는 중국 정치면의 자유화와 이슬람권을 어떻게 할 것인가

오오카와 류우호오 고맙게도 행복실현당이 아직 국회 의석
을 얻지도 못했는데 , 온 세계 사람들이 행복의 과학 그룹을
의지해 주시고 이쪽으로 옵니다 . 이것은 어떤 일일까요?

사토무라 역시 엘 칸타아레의 말씀이 있고 , 종교의 파워라
는 것이 그 기반에 있으니까요 .

오오카와 류우호오 어떻습니까? 겉치레 말일지도 모르겠습
니다만 '행복의 과학 이외에 신뢰할 수 있는 것은 없다' 라는
말도 때때로 들리니까요 . 푸틴 대통령도 그런 것 같고 . 이 김
여정 씨도 아마 그렇게 생각하고 있는 것이겠지요 .

오이카와 예.

오오카와 류우호오 '신뢰할 수 있는 것은 여기밖에 없다' 라고 생각하는 것이죠.
 지금으로서는 이쪽도 '종신제' 니까요. 독재자라고까지는 말하지 않더라도, 죽을 때까지는 말한 약속은 지킬 수 있는 유형이죠. 정권 쪽은 자꾸 바뀌었다고 해도 이쪽은 어느 정도 바뀌지 않고 할 수 있으니까.
 '오래 약속을 지킬 수 있는 곳은 어디' 라는 눈으로 보는지도 모르겠습니다.

사토무라 확실히 그런 면은 일본에서도 그렇지요.

오오카와 류우호오 그런 것일지도 모르지만. 음. 뭐, 잘 되면 좋겠네요.
 아시아에서는, 다음은 중국입니다만, 경제면에서는 자유화했지만, 정치면에 대해서도 능숙하게 자유화를 진행해서 무너뜨리고, 이쪽으로 가지고 올 수 있다면, 일본으로서도 우선 국가의 생존을 확보할 수 있습니다.

사토무라 예.

오오카와 류우호오 다만, 아시아, 아프리카, 유럽까지는 아직 미치지 못했으므로, 여기는 더 생각하지 않으면 안 된다고 보고 있습니다. 특히, 사막지방의 이슬람권이 얽힌 곳을 어떻게 할 것인가? 여기는 큰 과제이므로, 종교로서 한층 더 큰 힘이 필요할지도 모르겠습니다.

대단한 크기는 아닙니다만, 적어도 지금의 행복의 과학이 일본 기독교의 최대 회파보다도 힘을 가진 것은 확실하므로, 무언가의 교섭 상대가 될 수 있다면 그와 같이 성장해 갈 수 있으면 다행이라고 생각합니다.

사토무라 예. 열심히 노력해서 성장해 가겠습니다.

오오카와 류우호오 예. 김여정 씨가 잘 지내면서 안전하다면, 또 일본에 와 주세요. 네. (웃음)

그러면 이상으로 하겠습니다.

질문자 일동 감사합니다.

후기

나는 일본의 종교가지만, 국제정치에 관해 완전한 아마추어는 아니다. 지난 30년 이상에 걸쳐 국제정치 외교를 보는 방법에 대해 정보 발신을 계속해 왔다. 내 책은 30 언어로 번역되어 2300서 이상이 된다. 물론 기네스북으로부터 상장도 받았다. 전 세계에 지부가 있으며, 백몇 개국에 신자가 있다. 트럼프 씨 주변에도, 북한에도 신자가 있는 것이 행복의 과학의 강점이다.

본서에서 김여정 씨의 수호령이 말한 '북미 회담'의 가장 중요한 취지는 '오빠 김정은은 미국과의 전쟁 시뮬레이션 게임에서 패배한 것을 인정했습니다. 북한은 "무혈개성"을 향해 움직이기 시작합니다'라는 것이다. 말을 바꾸면, 세계는 북한의 개국을 향해 준비해야 한다는 것이다.

종교가로서 지난 10년, 심혈을 기울여 온 북한 문제의 결론이 이렇다면, 내 설계도의 1장이 완성된 것이다.

2018년 6월 15일
행복의 과학 그룹 창시자 겸 총재 오오카와 류우호오

《북한의 실질 넘버2 김여정의 실상 수호령 인터뷰》
오오카와 류우호오 저작 관련 서적

《긴급 수호령 인터뷰 대만 새 총통 차이잉원의 미래전략》
(행복의 과학 출판 간행)
《일본을 구하는 음양사 파워 ― 공개 영언
아베노세이메이•가모노미츠요시―》 (위와 같음)
《문재인 한국 새 대통령 수호령 인터뷰》 (위와 같음)
《북한 붕괴를 향한 초읽기 초대국가 주석 김일성의 영언》
(위와 같음)
《위기 속의 북한 김정은의 수호령 영언》 (위와 같음)
《수호령 인터뷰 트럼프 대통령의 결심》 (위와 같음)
《문재인 수호령 vs. 김정은 수호령》 (위와 같음)
《북한 -종말의 시작-》 (행복실현당 간행)
《수호령 인터뷰 김정은의 본심 직격!》 (위와 같음)

오오카와 류우호오

행복의 과학 그룹 창시자 겸 총재.

1956년 일본 도쿠시마 현(德島縣) 출생.

도쿄대학 법학과를 졸업한 후, 대형 종합상사에 입사하여 뉴욕 본사에 근무하는 한편, 뉴욕 시립대학 대학원에서 국제금융론을 공부하였다.

1981년, 대오(大悟)하여 인류구제의 위대한 사명을 가진 '엘 칸타아레'임을 자각하여 1986년, '행복의 과학'을 설립하였다. 2016년에는 입종 30주년을 맞이하여, 신자는 세계 100개국 이상으로 퍼졌으며, 일본 전국 및 전 세계에 정사(精舍)와 지부정사 등을 700곳 이상, 포교소를 약 1만 곳 전개하고 있다. 설법 횟수는 2,800회를 넘었고(그중 영어설법은 200번 이상), 저서는 30개 이상의 언어로 번역되었으며, 발간한 책은 전 세계에서 2,400권을 넘었다. ≪태양의 법≫(행복의 과학 출판 간행)을 비롯한 많은 저서들은 베스트셀러, 밀리언셀러가 되었다.

영화 '너의 눈길'(2017년 봄 개봉)등, 11편의 극장용 영화를 제작 총지휘하였으며 해피사이언스 유니버시티와 학교법인 행복의 과학 학원(중학교, 고등학교)의 창립자, 행복실현당 창립자 겸 총재, HS정경숙(政經塾) 창립자 겸 명예숙장(名譽塾長), 행복의 과학 출판(주) 창립자, 뉴스타 프로덕션(주)의 회장이기도 하다.

행복의 과학의 안내

행복의 과학은 1986년, 오오카와 류우호오 총재에 의해 입종되었습니다.

입종 이래 30년간, 진실한 인생관에 근거한 '행복'을 널리 퍼뜨리기 위해 활동을 전개해 왔습니다.

인간은 육체에 혼이 깃든 영적인 존재이며 마음이야말로 그 본질이라는 것.

우리는 이 세상과 저 세상을 몇 번이나 전생윤회(轉生輪廻)하여 여러 가지 인생경험을 통해 자기자신을 성장시켜 가는 존재라는 것.

신불(神佛)이 실재하고, 과거에도 현재에도 미래에도 인류를 이끌고 있다는 것.

이러한 영적인 진실을 널리 퍼뜨리고, 인간에게 있어 진정한 행복을 탐구함과 동시에, 신불이 바라는 평화롭고 번영한 세계를 실현하는 일이야말로 행복의 과학의 사명이요, 목적입니다.

그 사명을 위해 행복의 과학은, 강연이나 서적, 미디어에 의한 계몽활동과 수많은 사회공헌 활동을 하고 있으며, 게다가 현실적인 여러 문제를 해결하기 위해, 정치나 교육, 국제사업에도 힘쓰고 있습니다.

영적인 진실이 상실되고, 종교의 가치가 상실된 현대에, 행복의 과학은 종교의 가능성에 계속 도전하고 있습니다.

사랑

행복의 과학의 '사랑'이란 주는 사랑입니다.

이것은 불교의 자비와 보시의 정신과 같습니다.

신자는 불법진리를 전함으로써 많은 분들이 행복한 인생을 보낼 수 있기 위한 활동에 애쓰고 있습니다.

깨달음

'깨달음'이란 스스로가 부처의 자녀임을 알아차린다는 것입니다.

교학과 정신통일에 의해 마음을 연마하여 지혜를 얻고 고뇌를 해결함과 동시에 천사·보살의 경지를 지향하여 보다 더 많은 사람들을 구할 수 있는 힘을 익힙니다.

유토피아 건설

인간은 지상에 이상세계를 건설한다는 고귀한 사명을 가지고 태어났습니다. 사회의 악을 막고 선을 추진하기 위해 신자는 적극적으로 여러 활동에 참가합니다.

연락처

행복의 과학 지부정사·지부·거점은 전 세계에 퍼져 있습니다.
자세한 바를 알고 싶은 분은
http://www.happy-science.org/
또는
https://happyscience-na.org
를 검색해 주십시오.
전 세계에 퍼진 행복의 과학 지부의 일부를 소개합니다.

Korea (Seoul)
74 27gil Sadang-ro,
Dongjak-Gu, Seoul, Korea
Phone: 82-2-3478-8777
Fax: 82-2-3478-9777
Email: korea@happy-science.org
http://findus.happy-science. org/53/

Korea (Daegu)
3F 1374-3 Beommul-dong,
Suseong-Gu, Daegu, 42242, Korea
Email: daegu@happy-science.org
http://findus.happy-science. org/55/

USA (New York)
79 Franklin Street,
New York, NY10013, USA
Phone: 212-343-7972
Fax: 212-343-7973
Email: ny@happy-science.org
Website: https://happyscience-na.org

Japan (Tokyo)
1-6-7 Togoshi, Shinagawa,
Tokyo, 142-0041 Japan
Phone: 81-3-6384-5770
Fax: 81-3-6384-5776
Email: tokyo@happy-science.org
Website: www.happy-science.org

Australia (Sydney)
516 Pacific Hwy Lane Cove North,
2066 NSW Australia
Phone: 61-2-9411-2877
Fax: 61-2-9411-2822
Email: aus@happy-science.org
Website: www.happyscience.org.au

United Kingdom (London)
3 Margaret Street,
London, W1W8RE,UK
Phone: 44-20-7323-9255
Fax: 44-20-7323-9344
Email: eu@happy-science.org
Website: www.happyscience-eu.org

출판사 소개

IRH Press Co., Ltd.(행복의 과학 출판 주식회사)는 1987년에 행복의 과학 출판 부문으로 도쿄(東京)에서 설립되었습니다.

종교서 및 정신적인 서적, 정기간행물, 잡지 등을 발간하면서 TV·라디오 프로그램 및 영화제작도 하고 있습니다.

자세한 내용은 OkawaBooks.com을 참조하십시오.

Books by Ryuho Okawa

태양의 법

이 한 권을 만나기 위해 당신은 태어났다.

행복의 과학 기본서이면서 가장 중요한 경전인 본서에는 불법진리의 장대한 윤곽과 전체상, 그리고 다가올 새 시대를 인도하는 가치관이 제시되고 있다. 창세기와 사랑의 단계, 깨달음의 구조, 문명의 유전을 밝혀내고 주 엘 칸타아레의 사명을 인류에게 제시한 현대의 성전.

가림출판사 / 155*200mm / 319 쪽 / 값 18,000 원

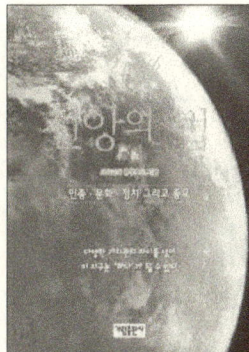

신앙의 법

인종 문화 정치 그리고 종교

인종 , 문화 , 정치 , 그리고 종교 – 다양한 가치관의
차이를 넘어서 이 지구는 '하나' 가 될 수 있다 .
지구의 시작 , 인류 탄생의 비밀 , 인생의 진실 , 사랑
의 본질 , 그리고 전쟁을 끝내는 방법 , 인류가 추구
해 왔던 '영원한 의문' 에 대한 '답' 이 설명된다 .
당신이 가진 어떤 고민이나 피로움도 , 이 세계의 싸
움이나 증오의 연쇄조차도 .
'믿는 힘' 에 의해 초월해 갈 수 있다 --.

가림출판사 / 153*201mm / 240 쪽 / 값 17,000 원

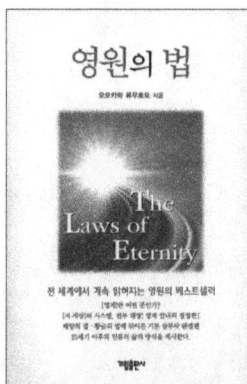

영원의 법

아무도 몰랐던 '영계'의 모든 것이 지금 밝혀진다.

사람은 어디에서 와서 어디로 떠나가는가? 인류의 영원한 의문에 대해 확실히 대답한 영계 안내의 결정판. 천국과 지옥에서부터 훌륭한 천사나 여신의 세계, 그리고 신비의 베일에 싸인 구세주의 세계까지 ---

▽영계의 차원구조를 철저히 해명!
▽어떤 마음이 어떤 영계와 통하는가?
▽신들과 위인들의 영격과 사명이 밝혀진다.

가림출판사 / 153*225mm / 242 쪽 / 값 8,000 원

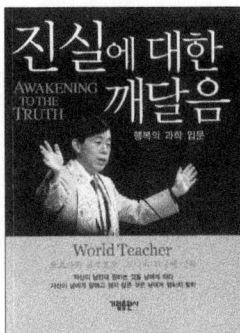

진실에 대한 깨달음

**붓타로부터 2500 년. 예수로부터 2000 년.
지금 당신은 지고신 엘 칸타아레를 만난다.**

2011 년 11 월 오오카와 류우호오 브라질 5 회 연속
강연이 대망의 서적으로! 사랑과 축복의 소중함, 인
생의 목적과 사명, 그리고 영계의 신비와 신앙의 의
미. 국경을 넘고 인종을 넘어서서 사람들의 혼을 뒤
흔들었다. '행복의 과학 (해피 · 사이언스)'의 기본
사상이 여기에.

가림출판사 / 155*200mm / 163 쪽 / 값 9,500 원